点亮孩子内在的光

营地教育如何支持孩子更好地成长？

—— 王树 著 ——

在营地教育如火如荼的当下,很多机构只有"营地",而没有"教育",无法将教育理念很好地应用到营地活动中。本书通过大量实操案例,详细阐述了如何把教育理念与营地活动紧密结合,真正发挥营地教育对于孩子成长的重要性,从而引导营地教育组织者更好地开展营地教育,同时帮助家长更好地在营地中锻炼孩子的意志品质,疗愈孩子的情绪伤痛,重建和孩子的联结。

图书在版编目(CIP)数据

点亮孩子内在的光 / 王树著. —北京:机械工业出版社,2019.8(2025.5重印)
ISBN 978-7-111-62749-4

Ⅰ.①点… Ⅱ.①王… Ⅲ.①中小学生—课外活动—教学研究 Ⅳ.①G632.428

中国版本图书馆 CIP 数据核字(2019)第 092470 号

机械工业出版社(北京市百万庄大街22号 邮政编码100037)
策划编辑:刘文蕾　　责任编辑:王 蕾
责任校对:王 欣　　版式设计:张文贵
封面设计:吕凤英　　责任印制:单爱军
北京盛通数码印刷有限公司印刷
2025年5月第1版·第2次印刷
165mm×235mm·13.25 印张·4 插页·137 千字
标准书号:ISBN 978-7-111-62749-4
定价:49.80元

电话服务　　　　　　网络服务
客服电话:010-88361066　　机 工 官 网:www.cmpbook.com
　　　　　010-88379833　　机 工 官 博:weibo.com/cmp1952
　　　　　010-68326294　　金 书 网:www.golden-book.com
封底无防伪标均为盗版　　机工教育服务网:www.cmpedu.com

谨以此书献给中国营地教育的发起者、实践者

致 谢

首先感谢我家中的长姐，感谢她带领我走过的教育之路，让我的生命得以沉淀，并将这份沉淀应用在今天的营地教育中。

其次，我要感谢和我一起建造青海湖营地的家人，阿爸、阿妈、尖措、阿吾、嫂子以及其他的家人。

感谢我的好友李一萍、石宝贵，在我建造营地的过程中，给予我经济上的支持和帮助。

再次，我要感谢凌晓琪老师，是她陪伴我在营地教育中一路走来，并且在我写这本书的过程中，给予我全然的支持和帮助，提供了很多有价值的资料和建议。

感谢 TNS 自然学校的毛驴老师，提供了珍贵的营地工作手记。同时也感谢他们年轻且富有朝气的团队，让孩子们体验到了太多户外运动的魅力和力量。

感谢王瑞君、谭雄杰两位老师和我一起开创了靛蓝纪的第一期营地教育生活。

感谢这些年为靛蓝纪营地教育努力付出过的老师们：叶万红、何雅雯、武海燕、包瑛洁、三排、婉华……无法一一呈现。如果没有他们的共创，靛蓝纪营地教育就不会顺利进入第十个年头。

最后，我要感谢这些年来信任靛蓝纪营地教育的家长和可爱的孩子们。没有他们，就没有营地。是孩子点亮了靛蓝纪的营地教育，而这一切都会留在老师的心里。

推荐序一

多么令人兴奋的一本书啊！我看到王树老师把她多年的心理学经验带入到了营地教育中。这带来了无限的机会，可能会对营员的生活产生影响，无论是成人还是小孩。许多营地教育者也可以有宝贵的机会向她学习。本书分享的很多案例都说明了当这种心与心的联结汇集在一起时，对儿童、青少年和成人的发展都产生了很大的影响。

书里呈现了许多美好的分享，特别是当王树老师遇到营员面对困难或难以掌控自己的情绪时，她常常会退后一步，观察并耐心地等待着"可教的时刻"，而不是直接冲上去解决问题。营地教育者必须学习意会和捕捉这短暂而关键的时刻，如此才有机会向营员提供对问题的见解。

营地是"教，不要说"的好环境。与课堂教学相反，营地提供了引导营员达到学习状态的机会。在课堂上，教师会告诉学生"是什么、为什么、怎么办"，而在营地中，营地导师会通过问题引导营员达成学习的目标。当营员面对困难时，王树老师并没有告诉他们该怎么做，而是用优秀的提问技巧让他们吸取经验教训。这不仅让营员寻找到问题的解决方案，更重要的是，让他们学会了如何在将来解决类似的问题。这正应了那句古语——"授人以鱼不如授人以渔"的意义。

新加坡探险与领导力培训总监
ICF 首席 ICDC 培训师
Tennant Kiu

推荐序二

此书给我的第一印象是"作者与读者心与心的联结",我相信读者和我的感受是一样的。与作者相识是我的荣幸,因其能够影响其他生命的品质给我留下了深刻的印象。

本书是中国每一位营地教育者的必读书目之一,内容深入浅出,直指人心,发人深省。作者分享了其开展营地教育的个人经验和思考。

纵览全书,作者分享了十年来自己如何基于家庭和孩子的需要,将心理治疗技术应用到营地教育中的经验。她将国外的治疗技术和中国的传统文化结合到一起,自此,东西方的理念与方法在营地教育中得到了很好的融合。

在本书的第七章中,作者强调了实施营地教育的基本步骤,那是今天的营地教育必不可少的步骤。如果不考虑这些,营地教育将依然只是一个令人兴奋的露营活动,而对孩子们的成长贡献甚微,甚至没有贡献。本书的附录部分亦提供了很多在营地教育实践中获得的感受和方法。

我认为,每一位营地教育者在进行营地教育时都应将此书放在手边,以便查阅。

愿大家能够享受营地精神,点亮孩子内在之光!

马来西亚营地教育专家
ICF 首席 ICDC 培训师
叶恒凯 博士

家长推荐语

王树老师在这本新书自序中提到的济嘉就是我的孩子,而我也是通过读序言,第一次这么完整地了解了 2018 年宁夏夏令营中老师们眼中"小天使"的演化过程。再次读来,我依然充满感动和感恩:因为就在 2017 年靛蓝纪举办的寒假"四艺班"里,济嘉还是老师们口中的"小恶魔"。而像这样,孩子们发生天翻地覆般变化的故事,几乎在每一次靛蓝纪冬/夏令营活动中都会上演。这种变化带给父母的震撼成就了许多像我一样坚定的靛粉;而孩子们更是只要参加过一次靛蓝纪的活动,就会被圈粉。我想,这就是真正的教育之魅力所在吧。

王老师已出版的《透析童年》和《觉知的爱》这两本书,引领了无数家长的成长,带领我们走出育儿和成长的困惑,让我们的内在逐渐变得清明起来。在我看来,王树老师的著作和工作坊之所以吸引人,其实并不在于她的理论有多么高深或是技法有多么实用,而在于她的真实和美:二十年的教育工作经历,以及从举办第一届营地活动开始,王老师每一年都会作为带队老师和孩子们同吃同住,其中讲述的故事以及个案都是老师亲身经历的。安全和包容的环境里产生放松和信任,经由敞开和联结,爱在彼此之间流淌,这本身就是一种美、一份滋养。

在营地教育遍地开花的今天,如何甄别真正的营地教育,为孩子们选择合适的冬/夏令营,相信王老师的这本书能够带给家长们清晰的指引;而如果你本身就想致力于营地教育,相信这本书能够告诉你真正的营地教育到底在做什么,你将获得从开营仪式、营地

家长推荐语

规则建构、营地活动设计以及结营等方方面面的完整的支持。

最后，希望越来越多的父母和教育者经由靛蓝纪的营地活动，了解和认识教育的真谛和意义。透过这些活动带给孩子们的变化，让越来越多的父母和家庭认识靛蓝纪这个有温度、有深度的家庭教育和个人成长平台。借由从认识教育和认识孩子开始，祈愿越来越多的父母能够觉醒并最终走上认识自己的道路。深深地祝福大家！

——靛蓝纪学员家长　吴蓉波

我的两个孩子都多次参加过靛蓝纪的营地教育，孩子们很喜欢，每次回来后精神状态非常好。

读了这本关于营地教育的书，更让我明白了靛蓝纪在营地生活中的两大特点：有为做事和无为体验。

"有为做事"指营地的任何一个活动都非常用心、细致地设计。活动中的规则、方案、内容以及孩子们在活动之后的作业部分，都非常明晰，这让家长安心、孩子开心。

"无为体验"指在营地活动的过程中，老师很少说教，更没有评判。老师只是观察者、倾听者和引导者。家长和孩子在极为放松的环境中做事，然后将内在的心理状态和需求逐渐呈现，老师会进行针对性的梳理和引导，最后让孩子进行很好的心理建构。

无论是在书中还是在现实的营地生活中，靛蓝纪的营地活动总是在动静结合、内外结合中完成，这给我们无数家长和孩子带来极为丰盛的体验！

——靛蓝纪学员家长　谢美兰

屡次被书中文字触动而眼眶湿润。是营地老师对孩子成长阶段及需求的敏锐洞悉，是孩子被看见后心灵的绽放，是孩子得到正确有力的引导而收获到的成长与喜悦，是一家人相互陪伴与支持、紧密联结的爱的流动……是这一个个瞬间感动着我。而这些，都是发生在历次营地活动中的真实故事。在营地里，父母和孩子彼此看见、彼此联结，体验着、滋养着、成长着。书中不仅会告诉你，作为不同于家庭教育、学校教育的另外一种载体，营地教育如何带给父母和孩子成长与收获，更重要的是，为父母了解、支持和帮助孩子打开了另一扇大门。请大家和我一起走进这本书，敞开心扉，领略与孩子共同成长的喜悦与感动吧！

——靛蓝纪学员家长　叶小卉

作为一名营员的家长，之所以向大家推荐这本书，是因为我认同靛蓝纪的营地教育在儿童成长过程中起到的重要作用。靛蓝纪营地教育非常关注儿童成长的心理需求，在培养儿童的毅力、人际交往能力以及团队合作意识等方面起着重要的作用。

参加靛蓝纪的营地活动，最大的感受是孩子的毅力和人际交往能力得到了显著的提升。在人际交往方面，他会尝试用不同的方式跟不同的朋友交往，以及用不同的方式跟不同性别的孩子交往。在今年（2019年）3月份孩子和小朋友的毕业聚会活动中，我深刻地体会到了这一点。在此，特别感谢王树老师及靛蓝纪团队在孩子成长过程中的给予和付出。

——靛蓝纪学员家长　杨运云

自 序
点亮孩子心中的光

开展营地教育 8 年，许多人问我为何要做这件事？我无法用一句话回答，但有一点很明确：每一次营地生活结束后，身体虽然疲劳，但心里却有一种满满的充实感。直到今年亲子营结束时，一位父亲的分享给出了最好的答案：这个夏令营无论发生着什么都不重要，重要的是这 7 天让我们真实地体验到了生命的美好。

我并不认为我们在创造一种美好，在我看来，美好本来就是那么真实地存在着。我们只是借助这样的活动，让每个人的美好联结在一起，形成一种感染力，以此唤醒父母内在的爱，点亮孩子心中的光。8 年来，有太多动人的故事在一期又一期的营地生活中发生，而所有的故事并不仅仅只解决当下的问题，而是让那束点亮的光成为孩子一生的财富。

10 岁的袁春不太容易让老师喜欢，因为他已经开始用自己内在的力量防御和对抗成人了。但他却十分乐于保护自己的亲人。在亲子营的头两天，他像个贴身侍卫一般守护着妈妈，直到妈妈因为身体不适，忽视了袁春的感受，引起了他的情绪大爆发。

愤怒与悲伤混杂在一起，让袁春离开人群，把自己封闭起来，任凭老师如何沟通，他都难以从情绪里走出来。

我站在远处观察着这一切，我知道，他不信任大人了，心门正在关闭，只能寻找合适的机会和他沟通。

接下来的时间，我只是观察，直到一个时机到来。袁春为自己买了一件很特别的小挂件，急于戴上，却没有问清楚如何使用，结果把小挂件的绳结弄坏了。起初，他很有信心修复绳结，但随着时间一点点过去，他开始焦虑。期间我问了他两次是否需要帮助，都被他防御且冷漠地拒绝了。直到第三次，我感受到了他的痛苦、焦虑和绝望，那是一种潜意识中的憎恨自己的情绪。于是我走到他面前，确定地告诉他："让我来和你一起解决吧。"他抬起头来，潜意识中的防御依然在表达拒绝，但却因焦虑消耗了大量的能量，致使那双眼睛充满了无望。

看着他的眼睛，我明确地告诉他："我有一个办法，我们去找店老板。"他绝望地摇头说道："那不可能！真的不可能！"

我并没有被他的情绪带跑，而是坚定地告诉他："相信我，我们可以去创造一个可能。"他依然疑惑地看着我，而我却用力地拉着他的手，转身跑向那家店。

店老板看着我们，一脸戒备和不友善，袁春更是紧张得不知所措。毕竟这是牵扯利益的事情。我说明原因，并向老板解释："挂件没有坏，只是绳结打不开了，而我们没有时间在这里等待修复，是否能够让我们付一点手工费，换一个新挂件？"老板看了看无损的物品，又感受到被尊重，也就放下戒备同意了。袁春激动地选了新挂件，我提醒他学会使用。

走出店门，袁春主动拉了我的手，望了我一眼。我知道，这是一份感谢。我也紧握着他的手，并告诉他："学会相信自己、相信别人、相信这个世界，因为信任会给你带来你意想不到的机会。"

这一次,他不再疑惑,而是使劲点了一下头,然后开心地拉着我跑起来,边跑边说:"老师,我知道了,谢谢你!"那一刻我知道,那扇即将被关闭的心门再次打开,而内在的一束光被点亮了。

活动结束后,袁春告诉妈妈,只要靛蓝纪的营地生活,他都要参加。至于什么原因,他说无法表达,只能意会。

8岁多的济嘉在机场见到我就开始抱怨,说自己还没有想好,妈妈就给他报名了。我看到了他的焦虑和担忧,也感受到了妈妈的不安,于是我将他的座位调换到我旁边。

飞行中,济嘉几次问我:"老师,我们会不会在沙漠中热死?累死?渴死?"我知道,他的焦虑和担忧正在升级,已经开始转为恐惧。我微笑着看着他的眼睛,希望给他传递一份轻松和保证:"我们有一个强有力的向导团,会为我们保驾护航,同时我们不分开,有什么样的困难都会一起面对。"

当天傍晚,济嘉再次找我,依然谈起对于沙漠的担忧。我知道这不是根本原因,似乎还有一种说不清楚的担忧情绪正在困扰他。我决定倾听他的情绪。他一点一点地说,我一点一点地听。从各种各样对外在环境的担忧一直说到他对一个无法实现的承诺的担忧和不安,而这个承诺关系着他在同学中的"光辉形象"——他非常在意同学的看法,并且希望自己是最强大的那一位。

接下来,说到承诺,他哭了,很伤心。

在参加活动之前,他就告诉同学自己暑假要去沙漠寻宝,而同学嘲笑他异想天开。为了显示自己无所不能,他向同学承诺,一定会带回一件沙漠的宝贝。但事实上,他一直怀疑自己是否能实现承诺，而这种怀疑让他心生恐惧。

我告诉他，沙漠中有宝贝，只要他愿意寻找。但他依然沉浸于自己的怀疑和恐惧中，哭着告诉我"不会有的"。

我并没有像对待一个6岁以前的孩子那般去共情和安慰，而是让他深呼吸，然后问他"那个承诺真的很重要吗"？他说："是的，否则别人会觉得我言而无信。"

的确，这个年龄的孩子开始在意别人的看法了，也开始有了想要证明自己有强大力量的愿望。帮助他们去努力实现愿望，这是让他们认识自己的最好方式。于是我认真地告诉他，我会和他一起去实现这个承诺。

倾诉结束，济嘉说他感觉轻松了很多，焦虑释放了50%。

第二天贺兰山岩画之行，济嘉一直留意寻找有花纹的石头。活动快结束时，我问他是否找到，他沮丧地说："没有。"我悄然地从口袋里拿出了一块刻有花纹的石头（纪念品）送给他。他瞬间眼睛一亮，问我在哪儿找到的。

我如实地告诉他，有花纹的石头都是珍贵的宝藏，真实存在，但无法让他带回去。但有很多模仿宝物设计的纪念品可以满足人们的需求，我送他一块，让他拿回去与同学分享，让同学们知道在这个靠近沙漠的地方，的确有宝藏。济嘉开心地将石头挂在脖子上。

傍晚，济嘉再次来找我，问我："这块石头多少钱？是不是很贵？"（这个年龄的孩子正在发展财商，他们用钱的多少来衡量价值。）我告诉他只花了10块钱。他有些失望，觉得不是珍宝。要想转化他的情绪，我需要从内心这个角度来解释："这块石头的珍贵不

在于价格,而在于价值。在我看来它有三个意义:一是让你的同学知道在这个地方有宝藏;二是可以完成一个承诺;三是表明了信守承诺是一种高贵的品质,也是一种内在的美德。正是因为你信守承诺打动了我的心,所以送了你这块石头。"听完我的解释,济嘉点点头:"这样说来,这块石头的确很珍贵,不管我的同学相不相信,这里都有宝藏。"

也许这真是一块有魔力的石头,那天开始,济嘉像是被开启了一扇窗,他变得喜悦宁静,乐于助人,并为每一位需要帮助的人提供服务。最终,他获得了"最佳助人奖",而这种能量并未随着营期的结束而结束,会一直延续下去。

教育是唤醒心灵的过程,而心灵承载着美德。用这两个故事作为序,是想表明:教育必须有丰富的载体,否则孩子们认识世界的机会就少了许多。从学校教育到家庭教育再到营地研学,正是从认知发展到情感成长再到社会性发展的三个历程。在三种不同的载体中,孩子们会呈现出不同维度下的生命状态,而唯一不变的,即教育的本质,就是点亮孩子的心,让他们学会认识自己,从而绽放他们的内在天赋,展现他们的生命美德。

前 言
创建一个小小的营地

截至2010年,我从事教育工作已经16个年头,期间,很多个案都显现出家庭教育中父亲的缺位给孩子成长所造成的影响,于是我心中就有了一个憧憬:如果父亲能够带着孩子去户外,充分展现男人的力量,那么在孩子的成长历程中,将会留下怎样的记忆?带来怎样的收获?

想法虽然只是在脑海里划过,却在心里种下了一颗种子。

当年4月,这颗种子开始发芽。也许是太多的偶然中的必然,我开始寻找一间在自然中的教室,创建一个学校与家庭以外的教育活动场所,让生活和教育在那里完成。而这一切,就从改造青海湖边的一个小院开始了。

那是一个不大的农家小院,除了一个美丽温馨的小花坛和热情好客的小院主人以外,并没有什么独特之处。一道土墙,一个与猪圈相邻的简易旱厕,两间摆设如同70年代风格的客房,和有30年历史的主人房。即使如此,在那青海湖边,这个小院仍有一种令人难以抗拒的吸引力。

院子的主人带着我们爬上土墙头,当我伸出头的时候,我明白为何在一个如此简陋的小院里,充满着一种别样的气息。眼前是一望无际的草地和大片的油菜花,纯净得令人窒息。而改造就从那一刻开始了。

前言 创建一个小小的营地

开工的时候,我的心情很复杂。在资金短缺的情况下,唯一能做的是改造原有的土房,然后重建5间不带卫生间的砖房。再将原有的小厨房改造为一个餐厅,建一个整洁的公共浴室和洗手间。另外辟出一间开放式的厨房,装了5个灶眼。当时脑海中呈现的是孩子们的日常生活和训练的场景。

在那个资源短缺的地方,没人懂得空间设计和室内装修,所有的设计装修全凭当时有限的资源来完成。在近3个多月的改建之后,一个不大却温馨的营地小院落成了。小院的设计是三面住人,一面望山,背靠美丽的青海湖。为了能和自然相协调,整个设计中使用了大量的防腐木,并分别从北京和广州的宜家家居购置了基本家具,以此营造一个充满自然和人文气息的院落。

这让当地人不能理解。有人说,人家花钱买电视、修卫生间,你为什么把钱都用在院子和置办那些看上去没啥用的玩意儿上。但却恰恰因为这个设计,使得这个小院拥有了一种自然时尚的气息。

在那美丽的地方,人们的心灵很纯净,但由于物质资源的匮乏,让那美丽的地方缺乏一种平衡。游客们留下的满地垃圾,以及那些毫无美感、只是为了解决基本生存需求的房屋建筑,就那么麻木地停留在那片土地上,使得青海湖的美多了一份孤独,仿佛天空独自飞翔的苍鹰。

带着内心的愿景和一份勇气,营地最早的雏形就这样诞生了。

第一年的营地生活在6个家庭的组成下开营了,他们带着对营地教育和营地生活的憧憬而来。我依稀记得,刚刚抵达营地小院的时候，所有的人都被那片美景和整个营地的设计震撼了。从惊叹到欢呼到享受，再渐渐感受到内心安宁，心灵的教育就在大自然的滋养下无形开始了。

蒙台梭利女士曾经把户外的自然空间称为没有屋顶的教室。在每一日营地生活的开始，我们设计了一个被称为"静默游戏"的团体活动。孩子们需要围着一个椭圆形的线走上一圈，然后沿着线围坐。老师开始小声而缓慢地说："让我们开始静默的游戏吧！请你的小手安静下来……请你的双脚安静下来……请你的小嘴安静下来……请你的全身都慢慢地安静下来……然后，轻轻地闭上你的眼睛，让我们享受此刻的安宁。"小至2岁半，大到5岁，每一个孩子每一天的生活都会从这个活动开始。多年后，我在一篇文章中看到，英国中学生每天的生活就是从这样的活动中开始的。

静心是一种生命内在的品质，当静心发生的时候，内在的智慧就会呈现。如果孩子从小体验这样的自己，那么这样的品质就会在他们的内在生根发芽。佛教中说："静能生定，定能生慧，慧能生根。"而今天，我们的教育恰恰少了这个部分。孩子们每天都在嘈杂、焦灼和外在的干扰中生活，内在早已是一片混乱。如何将这种关注内在的教育方式融入营地教育中呢？我尝试在一日的徒步活动中加入了禁语。

活动的规则如下：

1. 集合，全体营员必须参加。
2. 整个徒步上山的过程中禁语，如有需要，可使用肢体语言。

 创建一个小小的营地

3. 手机静音,这是一个分享宁静的时刻,我们需要用敏锐的感受力来欣赏周围的环境。静静地听,静静地看,静静地感受脚下的大地,静静地闻身边的花香,静静地去握别人的手,静静地做一切的事情。

4. 途中如有说话者,请友善地无声地提醒对方。

5. 装束要求:尽量避免穿着有摩擦声音的衣物,自备水壶、防晒用品。

6. 以家庭为单位跟随领队老师行进,为避免干扰可以与其他队员保持适当距离。

7. 到达山顶后围坐,做一个一致性表达的分享。

记得第一次尝试这个活动时,当我宣读了活动规则后,大家都不理解。最小的孩子问我:"老师,为什么不能说话?"我没有回答,只告诉他:"让我们试试吧!"禁语就这样开始了。

由于路程较长,缺少经验,在老师和家长的商议之后,最小的那个男孩被补给车带走了。这个意外决定却打开了小男孩哥哥内心的创伤之门。他不明白为何弟弟总有特权,往日所有的委屈和难受一拥而上,但同时又出于对弟弟的爱,哥哥将情绪压抑了下来,独自前行了。

正是因为弟弟的离开,妈妈敏锐地观察到了哥哥的情绪变化,于是妈妈悄悄地走近了哥哥,紧紧地握住了哥哥的手。紧接着,爸爸走了上来,一家人肩并肩,手拉手,紧紧地走在一起。我默默地紧随其后,看着这一切的发生。哥哥的情绪渐渐地舒缓,然后开始

微笑。心里的那一抹惆怅在父母全然的陪伴下散去。

不知怎么，看着他们一行三人，我的内在有种莫名的感动，一种超越语言的联结发生了，透过他们的身体创造了一个温暖而有力量的场域。而我也被那个场域所包裹，就那样体验着寂静，体验着爱。

在山顶分享时，那位爸爸流泪了。他说，他来的时候并不知道要做什么，只是太太安排了这次活动。但几天的活动下来，让他意识到，真正的相互支持是怎样的感觉，和睦相处与联结，是多么重要！然后他面对太太进行一致性表达时，说出了这么多年来一直无法说出口的感激。

这样的故事数不胜数：

为了顺利完成第二天的活动，爸爸妈妈们要连夜为孩子缝沙包。于是，灯光下或烛光中（青海湖的电压不足，时常停电），有人倒茶，有人引线……没有人要求，一切都是自发的。一个工程师爸爸，突然拿起针线的时候，就像拿起了烫手的山芋，虽是一脸的认真严谨，但最终还是将沙包里的谷子全部撒落了。

一位爸爸进行一致性表达时，希望美丽的瑜伽老师能够扮演自己的新娘，而太太扮演送亲的人。戏剧拉开了帷幕，每个人都进入了自己的角色，同时又在觉察着内在发生的一切……

接近青春期的孩子带着挑战与对抗叫我们"导游"，原本充满联结和温情的活动瞬间发生了变化……

活动就这样一年又一年地进行着。随着每一年活动内容的修

 创建一个小小的营地

正,我们的营地教育越来越完善。曾经很多人问我:你所创建的营地教育到底想表达什么?我并没有过多的解释。直到有一天,一位将要参加活动的妈妈再次问我:"老师,我先生问这个夏令营有五星级的服务吗?"我笑着答道:"这是你们参加活动的主要需求吗?"

她想了想说:"不是!我们需要有一个一家人真正能够在一起的机会,并且让我们之间能够真正感受到联结,正如您所说的体验一种心与心有联结的感觉。"

是的,对于在城市生活的人来说,你可以去很多地方享受五星级的服务与待遇,但你在一年中有几次能够真正和家人在一起,彼此去发现对方呢?

教育在西方被分为三个部分:学校教育、家庭教育、营地教育。对于孩子们来说,营地教育代表着一种认识社会的教育形式。当教育者和父母都清楚这一点的时候,他们彼此之间就形成了一种关系,共同支持与共同创造的关系。而教育者要想引导一个家庭的成长,不能单方面要求家长做什么,毕竟在我们的教育观念中,教育就是一种学习,就是让孩子学到知识。要想让家长意识到这样的营地教育对孩子未来进入社会有所帮助,教育者首先要训练自己做到内心稳定、宽阔、开放以及拥有饱满的精神状态和灵活的教育方式。在这样的引领中,家长会逐渐适应和享受营地教育所设计的相关活动。

当一次次的活动圆满结束后,我们不再那么紧张、担忧,而是保持自己内在情绪的流动,帮助家长解决问题,并越来越赢得家长

的信任。从而创造一个具有人文精神的营地教育氛围，让家长和孩子有彼此认识、彼此了解、彼此联结的机会。

这就是心灵的教育。无须一定要在哪个特定的地方才能完成，只要用你心灵的眼睛去发现，并用心创造，一个个动人的故事就会发生。9年前青海湖的那个小院，因为环保政策法规的实施，已被政府拆除，但我们的营地教育不仅没有因此停下脚步，而且经由这样的契机有了更大的发展和壮大。从父母和孩子的亲子营到小小探险家的独立营，再到靛蓝少年的远征青春期营，我们带着孩子从青海到宁夏再到云南……将心灵教育的理念延展了下去，让每一次营地生活都充满生命力，充满对生命的向往和敬畏。

为此，感恩大自然的存在，感恩每个生命的存在！

目 录

致　　谢
推 荐 序 一
推 荐 序 二
家长推荐语
自　　序
前　　言

1 第一章 发展孩子的三个智慧中心

缺失的自然教育 003
用身体学习，发展孩子的三个智慧中心 010
打开智慧的身体 013

2 第二章 营地、教育、生活、规则，谁能离开谁？

是丛林法则还是规则意识 021
无论是教育还是生活，规则都是必需品 027
规则是营地老师的必备工具 032

3 第三章 营地教育，呈现孩子身心独立的品质

独立是成长的需要 039
独立是做不是说 051
请允许孩子走向独立 059

4 第四章 营地教育，培养孩子责任感、尊重他人和意志力等品质

在团体生活中的责任与贡献 067
社交从尊重开始 075
意志力是生命中珍贵的品质 078

第五章
5 营地生活，是为孩子情绪疗伤的最佳时刻

对亲子营的父母说 089
快速有效的倾听情绪的方法 095
帮助孩子解决冲突 104

第六章
6 献给亲子营：唤醒父母内在的爱

一场藏式婚礼的意义 115
疗愈之后就是爱 119
送给孩子第二好的礼物 124

第七章
7 营地教育需要精神生活

营地生活的精神滋养 131
一篇短小的欢迎词 141
用心说话就是爱（结营信）...... 147

附录　营地教育感受篇 159

第一章

发展孩子的三个智慧中心

缺失的自然教育
用身体学习，发展孩子的三个智慧中心
打开智慧的身体

点亮孩子内在的光

缺失的自然教育

在《林间最后的小孩》这本书中，作者理查德·洛夫（Richard Louv）指出了儿童与大自然之间的失联问题，并将此称为"自然缺失症"。这让我想起了 20 年前我使用的一套《与孩子共享自然》的教材，书中提供了大量的自然活动，适合不同年龄阶段的孩子。在很长一段时间里，我会选用其中的一些与孩子共享自然的活动去培训教师与父母。记得有一次，我将近百位家长和孩子邀请到华南植物园，然后让孩子拉着戴着眼罩的父亲或母亲的手，父母在孩子的指令下缓慢行走。这一活动在当时堪称壮举，父母们紧张恐惧的样子令旁观者偷笑。但当眼罩被取下的时候，眼前大片的草地、花朵和树木让那些紧张和恐惧的情绪即刻释放，孩子们也因父母的样子而哈哈大笑。

大自然时时刻刻都在滋养着人类，但在这个飞速发展的时代中，能够静下心来与之联结的时光少之又少。因此，有了"自然缺失"这个表达。而营地教育的产生，让孩子们有了更多与自然联结的机会。从自然中获取滋养，孩子在这方面的智慧远远多过成人。每年的亲子营中，孩子们都在自然中畅游，撒了欢儿地玩耍，为了追到一只可爱的小田鼠，可以很久很久不说话，静静地等待。这其中的快乐刚好折射出许多父母的百无聊赖，失去了手机和电脑，那个每日高速运转的大脑突然不知如何运转，内心的空虚感就会呈现。这不正是现代人的通病吗？

这样的通病从成人开始，正在慢慢腐蚀着今天的孩子。于是，"一夜之间"营地教育就那样突然兴起。年轻的营地教育工作者婉华老师（孩子们称她丸子老师）用近3000字，洋洋洒洒地写了一篇工作日记：

清晨起来，走出四合院，在植物园的林间寻找花材为花道课程做准备。不知道孩子们有多久没有在自然里漫步，用眼睛去寻找与发现……

就在散步期间，孩子们发现了一列长长的"队伍"——小蚂蚁们也正忙碌地穿梭着工作，有一位孩子伸脚想去踩踏，旁边的孩子激动地说："不要，它们也是生命。"渐渐地，骚动的孩子们陆续散去。人与自然的和谐是互不干扰，我们用感官去彼此交流。

前行中，有孩子发现了路上的小黄叶子，还发现了一株淡粉色的种子生长出小枝芽和嫩叶……那些美妙的发现呀，还在静静地"发酵"着！

我们曾经用春天的紫云英扎成花球，男孩爱把苍耳扔到心仪的小姑娘头发上。

我们曾经被蜜蜂蛰哭，被截成两段依然蠕动的蚯蚓吓哭。

然而，我们分得清金龟子和知了，而如今我们的孩子们呢？

他们低着头，手中放不下iPad，上着没完没了的奥数班和补习课，只能隔着栅栏认识动物。

他们比我们那时候聪明，比我们知道更多知识，却没有我们那时候快乐。

毫无疑问，第四次工业革命背景下的人工智能时代，带给我们极为丰富的物质文明，那么，精神文明是离我们越近了还是越远了呢？

未来，大数据、机器将把人类知识领域的事全部完成，那么人类和机器竞争的关键是什么？马云曾经在贵州大数据峰会上提到这样的观点："让孩子玩，不然30年后他们将找不到工作！"是的，知识可以学，但智慧不能学，只能体验。

100年前孩子在课堂学习，100年过去了，如今孩子同样是在室内，在只有板凳、桌椅、黑板的课堂学习。孩子在"批量生产"地去做习题，"批量生产"虽然能让孩子知道什么是标准答案，但是，如果我们继续用以前的教学方法让我们的孩子只去记、背、算，不让孩子去体验，去玩，不让他们去尝试琴棋书画，不让他们走到户外去大自然中感知和创造。那么，儿童成长的维度无疑便少了许多。

在过去我们的童年，沙与水、泥土是小时候天然的玩具，山林、水塘是玩耍的乐园。城市化发展下的孩子们，更习惯于在室内的人工环境、在钢筋水泥的大厦里玩耍，在自然的环境中反而会感到手足无措、百无聊赖，他们丧失了与自然亲近的本能，更不知道如何在自然中玩耍，去体验和创造。

一位热爱自然、热爱旅游的父亲，2013年带着儿子在台湾溪头森林公园旅游时，遇到了一群日本孩子。当时，他们正围着一棵大树，轮流用听筒聆听虹吸现象，原来，大树每隔两小时左右，就会把地下水吸上来，发出类似大海波涛的声音。

那一刻他看到了这个"没有围墙的学校"的魅力：孩子们非常专注、认真，他们了解到生命的神奇，也学习到了对生命的尊重和敬畏。

发展孩子的三个
智慧中心

在一场登山大会上，队员围绕"人与自然之间的关系"进行讨论，有人说人和自然是共生关系，有人说是包容关系，其中有一个人分享的观点让人深省，他说："人与自然之间的关系，就像一对母子，自然是母，我们是子。我们一直向自然母亲索取，只为自己活得更好，却留下满身伤痕的母亲。"

远离自然成长的孩子们，更是不知道"自然"这位母亲的伟大，是她给我们提供阳光、空气和粮食，是她每日给予我们这些生命原始的能量。

美国著名作家理查德·洛夫（Richard Louv）在《林间最后的小孩》一书中用"自然缺失症"一词，描绘现代社会中孩子们与大自然缺乏联系的事实。我们的孩子缺失了与自然的联结，缺失了在自然中去感知自我与外界关系的体验。教育应该提升孩子的生命力，而非为孩子建构防护墙。社会化、电子化的趋势下，我们在营地里看到许多孩子，能量更多聚焦在"头脑"，头脑认知水平很高，然而情感的表达与联结却是匮乏的。这一代的孩子是幸福的，他们生活在物质丰富的时代；这一代的孩子又是不幸的，他们缺少了许多生命的张力。

如果孩子没有与大自然接触，如果孩子每一天都待在一个完全虚拟的空间里，渐渐地，他们就会失去在自然中学习、探索、体验的机会。当感觉系统和知觉系统受到了影响，他们就无法去感受环境给他们带来的体验，也没有办法去感受与别人之间的关系，更无法表达自己的内在发生了什么。如果只关注头脑的发展，孩子与世界接触的方式便体现为防御的状态，或是对抗，或是隔离……

在一次以"自然与艺术"为主题的营地活动中，有一位男孩在表达想要认识与欢迎的邀请时，一次又一次地用语言和身体回避甚至对抗。我从后来的观察中发现，在个体操作的木工课里，他呈现出专注与投入的状态，但是在每次的集体活动中，他却表现出极其强烈的拒绝与隔离。这种认知水平和情感发展的不平衡，仍然需要多方面的教育载体来为孩子身心发展提供环境的支持和引导。

孩子的内心世界就像一个藏满宝藏的盒子，在这个盒子里，有智慧、理性、意志、品格、美感、直觉等生命的能量。教育的过程不仅是从外部解放孩子，还需要唤醒孩子内在的心灵能量与生命品质。在营地教育中，大自然无疑为我们提供了最好的催化剂。

2016 年，一处僻静的丽江小院因为 70 多个孩子的到来而焕发了生机，安宁静谧的丽江风光与孩子们跃动活泼的身姿，一静一动，碰撞出了一段别样灵动的夏令营历险记。

夏天的丽江，虽然没有广州的酷暑和燥热，却有着阴晴不定的天气，几乎是东边日出西边雨，上一秒还风和日丽，下一秒就开始刮风下雨。而就在如此多变的天气下，我们放弃了广州室内有空调有饮料的安逸环境，来到丽江选择与自然为伴，选择探险和挑战。

在野外攀岩的活动中，因为要保持手指的感受力，孩子们必须赤裸着双手，手指擦伤是非常容易出现的情况。在平时的城市生活中，可能孩子的手指不小心被划破，都会哇哇哭叫半天。可是在野外攀岩的过程中，我们要抵抗着重力和心里的恐惧向上攀登，这绝不是一件轻巧的事情。但正是在这种环境下，我们听见一个孩子在攀爬的过程中，不断地对自己说："永不放弃！永不放弃！永不放弃！……"克服困难能激发孩子内在的潜能和勇敢坚韧的品格。

在户外活动中，没有课堂里的排名和评判，不需要努力去做父母和老师心中的好孩子、好学生，孩子们所需要的，只是重新亲近和投入到这个失联已久的大自然母亲的怀抱中。因此在夏令营里，你会发现每个孩子都能自由地舒展自己的身体和心灵，呈现出一个最真实、最质朴的自己。

在户外，对于长期生活在城市的孩子而言，毫无疑问最难以忘怀的就是黄黄的、黏黏的泥土。

无论是爬山、攀岩、徒步，孩子们最怨声载道的一句话就是："我讨厌泥巴！为什么那么多泥？"其实不仅是孩子，当我们大人的身上和鞋子上沾满泥巴的时候，我们也会无意识地产生一种厌恶的感受。

教练小毛驴老师的一句话对我们触动特别大，他说："土地是我们的母亲，我们所有的粮食都是由她孕育的，我们应该对她心存感激，而不是嫌她脏。"是啊，什么时候开始，我们已经对没有生命力的灰色水泥地习以为常，而对饱含生机的黄色泥土嗤之以鼻？土地孕育了多少粮食，进而又孕育了从古至今的人类，我们又有什么资格嫌弃它呢？如今，我们和我们的孩子，是时候反思自己，学会感恩土地和自然了。

当孩子们走在广阔的自然森林中，渐渐地便会与自然产生一种紧密的联结，心灵也在不知不觉中受到净化和滋养，这种持久正向的心灵滋养，是电子游戏和空调、零食所不能给予的。

让我印象特别深刻的，是在最后一天登顶海拔4350米的文笔峰的途中，一个男孩边爬边抱怨："为什么这座山那么高？为什么那么累？为什么还没到？"当我们的脑海中发出抱怨的声音时，我们就容易被这种声音所蒙蔽而信以为真了。可是，当我们终于登顶的那一刻，小男孩的眼睛却突然亮了，他无比惊叹地说："天啊！太美了！大自然真是太神奇了！……"

这些一次次或大或小的经历，都会深深地烙在孩子们的心里，成为一笔笔宝贵的财富。

有一天他们会发现，在我们的人生中，累会是一种常态，然而有些累是值得的，因为它会把你带向人生的巅峰，看到人生从未有过的美好，让你惊觉生命的意义和奇妙！

孩子们小小身躯里藏着惊人的灵魂，他们有着成人难以想象的潜能和毅力。

我们只需要时常给他们创造一个安全而有挑战性的环境，让他们得以自由的绽放，超越自己的极限。

无论是对于大人还是孩子，我们的人生中，都必须有一段与大自然契合的阅历，在那天然的契合之中，人才能摆脱庸俗世事的骚扰，从生物世界中观照自己，咀嚼出生命本真的意味……

教育，行远胜于言。去经历，去体验，去感悟，自然传达给我们的信息和惊喜，都藏在路上的发现里。

不要把教室当成全世界，而是把全世界当成教室。石板为桌椅，森林河流为课本，风雨阳光为师为友，它们一直在那里，从不缺席！

正是这样的认识，有越来越多的年轻教育工作者投入到中国营地教育的发展中，将中国的营地教育拉开了帷幕，我们将真正做到：把教室搬到大自然中去！

用身体学习，发展孩子的三个智慧中心

一直以来，我们的教育更重视头脑的学习。到目前为止，你随便进入一所普通的幼儿园或者小学，都不难发现孩子们的手放在桌上，目视前方，听老师讲所谓的"知识"。而这，非常不符合孩子的身心发展特点。

孩子最早期认识世界的方式是感官体验和重复练习，也就是说，通过身体的体验来完成学习。因此，这个充满智慧且直观的方式不该在小学一年级就被完全停用。但是学校的学习又必须要求孩子们用头脑快速完成认识，那么，在假期，给孩子们设计一些体验式活动就显得尤为重要了。

在一个为期9天的"小小探险家"营地活动中，我们会给孩子们安排一半以上的时间进行户外运动，充分发挥和训练孩子们的身体运动智能。比如：孩子们第一天抵达营地，做一些基本的准备工作和休整后，第二天一早就要进入第一阶段的体能训练了。我们通常称这一日为"徒步森林日"，主要是进行一天的徒步拉练，穿越当地的自然森林，最后抵达一个目标地，期间会安排一次野餐。这样的安排基于几个综合考虑：

1. 孩子们刚刚进入营地，心理上处于兴奋期，身体能量也较为饱满。徒步训练既能够让孩子们的兴奋能量有所释放，同时也可以给他们创造一个相互交流的机会，为之后8天的愉快相处做准备。通常孩子们在徒步的过程中，通过三三两两的相伴形成一个完整的队伍，这个相处的机会让孩子们彼此自然熟悉起来。同时，这样的热身活动也为之后几天更高强度的训练做好了身体上的准备。

2. 这一天结束后，户外运动将有节奏地、循序渐进地展开。从全天的皮划艇训练到水上安全专业体能练习，再到全天候的攀岩训练，这些高强度的户外运动会让孩子们体验到真正的身心挑战。

3. 为了能够让孩子们更好地动静结合，除了在白天的体能训练之外，在晚饭后我们通常会给孩子们准备一些手工制作方面的材料，还会让孩子们就地取材。这样，几天后，就能带着孩子们到当地集市上完成一次售卖自制物件的社会实践活动。

这些活动，会让孩子们的三个智慧中心得到同步发展。

每个生命都有三个智慧中心需要发展，按照孩子的成长顺序来说：第一个要发展的就是身体运动智慧中心，第二个是情感智慧中心，第三个是头脑智慧中心。在孩子生命的头6年，主要是以身体运动中心和情感中心为主，所以孩子们需要通过大量的体验活动与倾听自己的情绪来发展这两种智慧中心。五六岁时，孩子的左右脑基本形成。这之后，孩子的头脑智慧中心就会快速发展。但即使这样，孩子们依然需要借助于身体感知来进行过渡，然后逐渐整合三个智慧中心以平衡发展，从而完成一生的学习。

简而言之，6岁以前的孩子如同一个全方位吸收的绿色管道，他们用整个身体在感知这个世界，也用这样的方式来吸收知识。但

第一章 发展孩子的三个智慧中心

6岁之后,由于头脑的快速发展,用身体感知进行学习的天然能力在下降,如果在孩子的成长环境中,人为地让孩子完全用头脑学习来替代身体感知学习的方式,势必会让孩子从那个天然的吸收模式中过快地走出来。这会让孩子失去了三个智慧中心平衡发展的机会。

在欧美教育中,他们非常重视孩子早期的体验式教学。面向12岁以前的孩子的教学方式,主要以体验、感受为主,充分满足孩子在身体运动和情绪感受方面的需要。他们将认知的内容以游戏、故事、戏剧表演、手工制作等大量的艺术形式呈现出来,让孩子们用自己的身体、情感去感受和理解。当这两个中心的体验和实践得到充分发展后,他们才会让孩子进入更理性的头脑认知过程。这个过程一旦进入,经由孩子们之前的两个智慧中心的基础建构,孩子的认知过程就会以一种立体的方式展开。

当下的应试教育方式,过早地让孩子进行理性的头脑认知,忽略了身体运动智慧中心和情感智慧中心的发展。那些题海战术和死记硬背的学习方式无法让孩子们探索生命的成长,因此,教育就变得单一而非立体了。然而生命本身却是极为丰富且充满立体性的。

打开智慧的身体

达·芬奇说:"运动是一切生命的源泉。"

除了了解前面所谈的认知以外,我们更希望孩子们能够真正体验到这种认知。于是,我们将孩子们的夏令营活动设计为两个板块:一是生活训练和心理教育,二是通过户外运动,让孩子关注每个当下,开启身体带来的智慧。

"小毛驴"是刘团玺老师的别名。从华为公司到户外教练,他始终在追寻着一种对待世界的正确态度,户外运动和营地教育成了他的载体,他是营地教育的真正实践者。

在与之合作中不难发现,他让孩子们通过运动去了解生命与自然的关系,也通过运动,让孩子们的精神得以成长。

记得第一次见面,他给我们看了一部关于13岁美籍日裔攀岩者的演讲录。期间,他时常会激动地告诉我们运动所带来的身体智慧。在大多数人的传统观念中,智慧都在头脑里,怎会在身体中?人们通常用"头脑简单四肢发达"来嘲讽那些从事身体运动的人。但在"现代舞之母"邓肯的书中这样写道:"我能够站立时,就会跳舞了。我一生都在跳舞。全世界所有的人都应该跳舞。过去如此,将来也如此。有些人试图阻止,他们不想去了解,但是大自然赐予我们的这种身体的智慧,是无法改变的事实。"

发展孩子的三个
智慧中心

同样台湾舞蹈家林怀民先生在自己创办的"云门舞集"中,用另一种修行的方式去训练舞者,打开身体的智慧,提升舞者的精神境界,从而让身体与心灵的结合借助舞蹈来实现。

所以,户外运动中的攀岩、皮划艇、帆船、徒步、登山……都成为我们营地教育中的一部分。

在"小毛驴"老师的工作日记中有这样一段内容:

牛牛出右手去侧拉那岩点,但身体重心没做出调整,对着岩壁石头,他整个人依然是个平板姿势。果然,下一秒钟,牛牛左手失控,然后就从岩壁上脱落下来。牛牛坐在半空中摇摆着下降,他哭了。他是典型的发挥失常……

赵慧媛、罗娜则表现出超常水平,尽管罗娜平常训练攀岩时,总是一副心不在焉、注意力不集中的样子。

这是2015年8月29日,由TNS攀登中心主办的2015年凯乐石云南攀岩希望之星总决赛。最终,姚修影获得甲组难度第一名,赵慧媛、Rhona、熊天启、丁久一、徐知行等也获得各分组的名次。

牛牛不哭了,但有点蔫,阿康老师拉着他的手,安慰和鼓励他。每个孩子都有自己的特质,每个孩子都是独一无二的。其实,对比2014年的希望之星总决赛,今年比赛线路难度增加很多(决赛难度从去年5.9系数增加到今年的5.10C系数),但出人意料的是,最终登顶的人每组都有3~5人。孩子们在比赛中的发挥,让人无比震撼。包括昆明本地,今年约有1500名青少年参加了本次预赛及决赛活动。

作为一名攀岩教练,阿康也从两年前才开始接触这一运动,并从去年开始带孩子们学习攀岩,进行攀岩训练。这两年接触的孩子多了,他不断探索和反思到底什么样的训练方法，能把孩子带到一个攀岩的高水平上。

结合每年夏令营、冬令营中的各种户外运动中孩子的表现，总结这么多孩子的情况，对比每个孩子的差异性，从青少年儿童的攀岩训练乃至整个户外运动的身体教育出发，TNS有这样的归纳：

要走出去，户外运动是自然和体育的结合。人类天生的属性是大自然，还有比在森林里漫步更好的方式来加强自然与孩子们的联结吗？在岩石上攀登、森林里徒步、河流中划艇，这是最自然的方式，可以把孩子们的视线，从电子屏幕上引开。而当孩子们长大以后，回忆自己的童年，这种户外探索、野外探险运动，往往是他们最珍贵的回忆。从陆地徒步、攀岩、登山到水上运动体验，户外体育运动的丰富性，是其他单项运动难以替代的。所以必须走入大自然。

而老师则需要有耐心，这是户外运动教育的原动力。户外运动教育也是爱的教育，老师不仅要爱大自然，深入大自然，同时还要喜欢孩子，关注孩子。这是永远的为师之道。对每个孩子都要有所了解，对孩子的体能、心理、技术、时间、性格都要有了解、分析和思考，这样才能把爱心转化为真正的细致的教育滋养。

有了老师的引导，孩子们需要带着勇气进入攀岩成长的第一个阶段——入门期。他们通过身体的体验，去克服心理上的紧张和畏惧感。先让他们体验到简单的快乐，再去发展他们对攀岩的兴趣。然后才谈得上教习手法、脚法、重心变化等攀岩的技巧。

贾子轩的绳降训练，就让我们看见恐惧是怎样束缚着身体。不到4米的高度，所有的孩子都经历了一次攀岩前期的训练，但只有贾子轩被

挂在绳索上,两个小时降不下来。

所有的孩子和老师用尽了所有的办法,苦口婆心,始终无法将他从恐惧的执念中释放出来。

最终,40多岁的王树老师跨上绳索,用自己的身体呈现了一个完美的"绽放式"绳降,让贾子轩在一种复杂的心情下,带着大呼小叫的喊声和眼泪滑落了下去。

当发现一切都是那么安全之后,还挂着眼泪的贾子轩大笑,夸张地说:"再来一次。"

之所以身体会那么紧张,心理会如此恐惧,是因为意识远离了呼吸,完全陷入头脑。所以,要想让身体开启智慧,呼吸训练就必不可少了。

呼吸循环系统练习必不可少,呼吸和攀登节奏以及心理的放松程度也有关联。强调和督促孩子们学会主动式的深呼吸,甚至有时包括磕难点时的呐喊。对于成人亦如此。通过跑步、爬楼梯等其他多元运动加强体能:跑步可以训练心肺功能及整体核心肌群,是对攀岩一个有益的补充。运动多元化,也会减少受伤的可能。

攀岩以及其他户外运动对于青少年教育工作者来说,其本质功能就是教育,攀岩老师、户外教练不仅仅是体能和技术上的导师,更是青少年心理、心灵成长的导师。艺术、体育、自然的结合,这是一种完美的方式,但需要教育的引导。教育是一个永恒的话题,教育也是一种环境的创造,教育在本质上是爱的教育——如何把爱转化成一条条细流、多元且有营养的土壤、一片森林,这是所有人都应该思考和力行的。爱源自心理和心灵,所以我们可以看见攀岩以及大自然的心灵力量。

如果在中海拔甚至高海拔的山区进行活动，则前面项目的强度不宜过大，等身体逐渐适应高原、体能有所提升时，再安排一些消耗体力较大和高强度的项目，如登山等。如果当天安排有较大强度的其他单项户外运动，如山地较长的徒步或登山，那么当天的跑步活动可以不安排。

在一个具体的营地户外运动设计中，要因地制宜，根据当地的条件进行设计及开展户外运动项目，不可拘泥于某种僵化的形式与教条。如每天常规的跑步活动，可以提高营员有氧、无氧的运动能力，但有时天气变化下雨时，室外跑步不适宜进行，可以在室内场地开展一些体能训练。最好不要选择在水泥或柏油路上跑步。户外田野或山地条件比较好的时候，可以根据营员的体能状况，进行田野或山地的越野跑步，这种在大自然的泥土地上的跑步，对于肌肉群更有自然的效果。

总之，营地活动的设计和实施，首先要结合营地当时的自然条件，包含天气、地理地貌、人文文化、人工设施、自然风险、植被地形等，评估和重视每一个孩子的具体情况，然后再做项目设计与执行，并在执行中要科学化、具体化，这样才能开启每一个孩子的身体智慧。

"小毛驴"老师说："攀岩本身是一种艺术体育，也是一种很有趣的教育方式。户外运动的本质是教育，攀岩的本质是成长。"

而所有的成长，都是为了增加力量，包括身体的、心理的、本质的，以及灵魂。这种力量的背后是一种生命不同层面的智慧，身体的、心理的、本质的，乃至于灵魂的。而不同层面的智慧又通过一种内在的联结形成了一个整体，我们能做的就是一层一层地去开启这些智慧，然后真正地体验到那个完整的自己。

第二章

营地、教育、生活、规则,谁能离开谁?

是丛林法则还是规则意识
无论是教育还是生活,规则都是必需品
规则是营地老师的必备工具

点亮孩子内在的光

是丛林法则还是规则意识

曾经有个带夏令营的老师洋洋得意地谈道:"哪有孩子在一起不打架的？遇上这样的情况，我通常的处理方式就是让他们打，打够了自然就好了。社会不就是这样吗？总会有输赢。"

这样的理念被不少专家认可。从社会的丛林法则角度来说，没错！但教育不仅仅关乎生存，还关乎着一个生命的完整性发展。于是，在营地教育中，给孩子建构规则意识，是一件必不可少的事情。通常谈到规则，更多的人想到的是规矩，也就是如何让一个孩子遵守大人提出的要求，至于大人要不要遵守，就另当别论了。于是，孩子们讨厌规矩，总想着有一天自己长大了，第一件事情就是推翻那些制约自己的一条条规矩。

那么，到底什么是规则？它又意味着什么呢？

想要建构规则，就一定要了解为何要建构规则？在一个环境中，如果只有一个人，不需要规则。但有了两个人，界限就产生了。因为各自都需要自己的空间和范畴。为了让彼此都感到舒服，你就不能随便闯入对方的空间。如果有一群人，那么人与人之间的界限就不仅仅是一种简单的需要了，而是秩序。你不仅不能随意闯入别人的空间，还需要让每个人的空间变得有序，这样，大家才能相安无事。于是，规则就产生了。"不随意闯进别人的空间"，换

句话说，就是不要打扰别人。

如果这里的规则只适用于某一些人，而另一些人不用遵守这个规则，就有了特权。人们把有特权的人称为权威。于是，那些遵守规则的人就感到不公平，"不随意闯进别人的空间"原本是一种文明的行为，但在特权之下，就觉得自己低人一等了。人们为了避免自己陷入自卑中，便拼命争取获得特权。成人为孩子设定规矩不就是这样吗？孩子要遵守的规矩，成人可以不遵守。

当然，任何事物都有两面性，对于孩子来说，的确无法事事与成人一样，规则又怎么可能适用于所有人呢？

于是，国际上就把规则从三方面来设定：尊重自己、尊重他人、尊重环境。在这个基础上，根据自己的环境来制定相关规则。而这三个方面，无论你是何种肤色、何种地位、何种身份，都需要遵守。

了解了这些，就会清楚，如果给孩子制定规则，成人也需要和孩子共同遵守一些规则，除了榜样的力量以外，更重要的是让孩子感受到平等和尊重。老师或者父母不因为是权威，就该享受特权。也不因为要教育孩子，就将一些成人都做不到的事情以规矩的方式强加于孩子。

因此，我们在夏令营生活中做了一些约定，而这些约定不是为了让孩子们听话，方便老师的管理，而是让孩子们体验到通过自我约束所带来的一个有秩序的环境。

关于秩序的约定——我想要创造一个美好、快乐、和平的夏令营，为此我愿意遵守如下约定：

1. 遵守时间约定，不影响整体活动。

2. 不随身带太多贵重物品，以免影响自身投入活动。

3. 不擅自行动，避免麻烦他人和使自身陷入危险。

4. 按时休息，不影响自己、他人身心健康。

5. 电子设备请勿带入营地，以免影响我们投入真实生活。

6. 不大声喧哗，不给他人带来不便。

7. 主动维护环境，不让大家生活在混乱的环境中。

8. 不是自己的物品不能动，不随意破坏。

交往中的约定——在与伙伴的交往中，我想创造和平、尊重、友善、互助的关系，为此我愿意遵守如下约定：

1. 不随便拿别人的物品，不给自己和他人带来麻烦。

2. 犯错时主动道歉，道歉会帮助我们和解，道歉也是一种勇气。

3. 请随手将东西归位，不及时归位将导致我们无法顺利工作与生活。

4. 耐心等待可以帮助我们解决资源有限的问题。

5. 尊重自己的界限，学会拒绝别人。

6. 尊重他人的空间，不要打扰他人。

7. 尊重他人的界限，不对别人使用不文明的语言。

这些规则的设立，不是只说不做的形式，而是在每一日的活动中，老师们要观察孩子们是否能够遵守。同时需要不断提醒、示范、讨论，用规则的方式解决问题。

第二章 营地、教育、生活、规则，谁能离开谁？

许多家长问我："仅短短的一周管用吗？"也有同行问我们："这么短的时间，把活动做完就可以了，为何要如此麻烦，为自己增加工作量呢？"

如果说教育就是生活，那么我们带着孩子创造生活的时候，为何不把教育的元素融入其中？如果因为怕麻烦，上学前，父母不给孩子建构规则意识，上学了，老师也懒得管那么多，久而久之，孩子们就只会活在自己的世界中，与他人、与环境的关系非常模糊。

那么建构规则意识到底意味着什么？

一切都从儿童心理发展的敏感期开始。1岁以前的孩子，他们的自我意识还处于种子期。但当孩子有一天要从你的怀抱里挣扎着离开，尝试用自己的双腿走路时，我们说，孩子的自我意识的萌芽期开始了。他用双腿向父母表达"我要独立了"。

自我意识的来临，让孩子有了分辨我和你的能力。"这是我的鞋子！这是我的妈妈！这是我的小杯子！"

……

在不断的分辨中，孩子建构着自己的内在世界，同时也体验着自己的外在空间。比如："这是我的座位，别人不能坐，否则我就用哭来抗议。"这样的体验一直到3岁左右，内在的自我意识的力量开始加强。那么如何表现增加了的自我意识力量呢？孩子会用执拗的方式来对抗成人，以此捍卫自己的想法。

你让他放下手里的东西穿衣服，他会说："不行！"你说天冷了要加衣服，他说："不要！"你说洗完澡要出来了，他会说："没洗完！"

……

如果你试图强行让他听你的，他会用震耳欲聋的哭声对抗你。而你时常为此而大发雷霆，你不明白为何一夜之间，失去了那个很好哄的"小天使"，而多了一个"小魔鬼"。这不是哪个孩子的错，这是人类进化道路上必须经历的过程。

从这个阶段开始，孩子就需要学习规则，因为他已经开始发现除了自己还有别人。他不喜欢别人拿他的东西，自然他也要明白自己同样不能随意拿别人的东西。这样的规则意识让孩子逐渐体验到哪里是自己的界限，哪里又是别人的界限。就在这样的反复提醒和体验的过程中，规则意识就慢慢融入了孩子正在成长和发展的自我意识中。

4岁，孩子到了交往的敏感期。他们需要知道如何尊重自己的需要，同时也要明白他人的需要。

5岁，孩子开始对事物追求完美，以此希望自己也是完美的；

6岁，孩子关注自己是谁，从哪里来，以此确定自己与父母、自己与这个家的关系，从而体验早期的存在感。

6～9岁，这个时期的孩子开始按照自我意识的发展和需求，去寻找感兴趣的事物，同时也会在这些感兴趣的活动中发展自我意识。

9～12岁，自我意识的发展，开始加倍地拓展。根据蒙台梭利的理论，这个时期的孩子将自我意识拓展到宇宙中。也就是说，希望通过对宇宙的好奇和探索，来确定自我的存在。

而这之后，孩子将开始进入青春期。

第二章 营地、教育、生活、规则，谁能离开谁？

用 12 年建构而成的自我意识，准备踏入外在的世界去做新的尝试和探索。直到 18 岁之后，孩子仍需要完善自我，并在之后的人生中去实现这个早期建构起来的自我，以此来度过自己的前半生。而后半生，将会进入超越自我的探索中。

如此看来，在 3～12 岁期间，规则意识多么重要！它将保障孩子在自我意识建构的同时，去建构健康、和谐、有界限的关系世界。

无论是教育还是生活，规则都是必需品

  试想一下，假如生活完全没有规则，那会如何？我想"混乱"是跳入你脑海的第一个词吧！相比严谨与秩序，有时候混乱可能会让你享有短暂的轻松，但绝不会带给你长久的舒适。因为没人希望自己生活在混乱中。

  那么，你大概是从什么时候有规则意识这个概念的呢？

  在我的成长经验中，并没有太多关于规则意识的体验，我想大部分人和我有同样的经历，小时候听父母的，进入学校听老师的，工作了听领导的。而父母、老师要求我们乖、听话、服从、守规矩，在这样的成长背景下，等我们做了父母，也就自然而然地希望有个顺从听话的乖孩子。

  不知道你有没有发现，顺从、听话暗示你要被动地服从，在我们小时候的那个社会环境下，这比较容易实现，因为大部分情况下父亲是家中绝对的权威，而现在则不那么容易行得通了。孩子们的自我意识在增强，如果他们得不到指引，自然就会用对抗的方式面对问题。

  记得从夏令营的第三年开始，我们特邀了一些在传统教育体制中非常优秀的老师加入我们的队伍。期间，发生了一些有趣的事情。

第二章 营地、教育、生活、规则，谁能离开谁？

"经营小商店"是我们在营地教育中专门为孩子们设计的一个社会实践环节。一天，那位负责这项工作的老师向我投诉，说我们的孩子太难管理。原因很简单，孩子不按她指定的方法去做。我陪同负责老师来到现场，一经了解才知道：孩子们准备开张了，但门口买东西的人很多，东问西问，东拿西拿，让这些第一次经历售卖的孩子们手忙脚乱，心里发慌，无可奈何只好决定关门停卖。负责的老师却要求他们必须开门，而且要自己想办法。孩子们开始抱怨，并且有非常强烈的对抗情绪。负责的老师既不能用命令的方式，又没有别的办法，只好抱怨孩子难管。

明白了一切之后，我建议负责售卖的小组长（10岁的天天）为他们小组的另外几个小朋友分配工作：哪一位记账，哪一位负责接待，哪一位售卖，哪一位负责收钱。同时，为了保障文明售卖，建议制定售卖规则：

1. 顾客在门口排队进店选择商品。
2. 请遵守售卖流程（排队等待进入商店——选择所需用品——付款——配合登记员进行登记——离开）。
3. 创造良好的售卖环境，彼此之间相互帮助，并且友善对待顾客。
4. 遵守开店时间，不擅自关店。如此一番后，孩子们的情绪开始安稳下来，很快有序地进入各自的工作中。

当天晚上，那位负责老师和我就这个话题聊到很晚。她清楚地知道，这种处理事情的差异源于老师们的教育理念和心态的不同：

前者是权威式的管理方式，我说你做，这样效率很高；而后者是启发和引导式，并清楚地知道孩子们的困难和需求是什么。做到这些，必须具备人与人之间的感同身受，这是一种在心理上平等的产物，而大部分时候，无论是父母还是教师，都更习惯成为权威。

生命诞生于关系之中，并且在成长的过程中也在不断创造着不同品质的关系。所以没有人可以单独存在，不论你愿不愿意，你都生活在一个群体当中，并和其他人产生着这样那样的联系。与此同时，我们内在也存在着一种关系，就是我们与自己的关系。我们不仅需要和他人及环境有一种和谐的关系，同时也必须和自己建立一种和谐的关系。在这种和谐的关系中，每个部分的自由都要被同等重视。而为了保障每个人都能够拥有和享受自由，我们需要规则，规则会产生限制和责任，否则，在关系中，人就会有一种尚未进化好的掌控他人和奴役他人的本能。没有规则和界限的保障，人性恶的一面会在弱小者面前升级。这也是为什么最大的伤害往往都来自于最亲近的关系中。

在成人与儿童的关系中，规则保护了儿童，使其免于遭受权威压制和被奴役，从而使他们成为真正意义上自由的人。

如果规则没有了，关系中的一切权利就被拱手交给了他人（强势的一方），所有的弊端都将随之产生。强权之下只有强制下的纪律和奴役出的人格。

在营地生活中，12岁的滔滔第一天表现极佳，懂礼貌，乐于助人。渐渐地，他发现这个环境中没有所谓的权威表扬，也没有所谓的权威压制，于是开始逐渐放松。4天以后，他开始爆粗口，和别

第二章 营地、教育、生活、规则，谁能离开谁？

人发生冲突。当老师反复提醒他的时候，他会显得很不耐烦，完全没有了第一天的积极表现。

一天在和营员活动的过程中，滔滔再次爆粗口，感觉跟之前完全不像是一个孩子，而像是一种被压抑很久的愤怒的动物，凌老师上前制止，他却在愤怒中扑向了老师。过了很久，他的情绪才得以缓和。我告诉他，这里不能爆粗口，他却回了一句："大家都这么说，没人告诉我哪句可以，哪句不可以。"

我们都沉默了下来，是的，对于孩子来说，他们无法分辨社会中的大量信息。如果父母和教育者也不能帮助他们分辨这些的时候，他们的人格就会在这种混乱状态中建构。一个在权威面前懂得礼貌的滔滔，另一个在放松状态下完全没有礼貌的滔滔，一个在权威父亲面前压抑自己做好孩子的滔滔，另一个无意识吸收父亲暴脾气的滔滔……这种多重人格的建构，让滔滔过早地失去了生命的一致性。滔滔的内在无法建构真正的自律。

所以孙瑞雪老师在她的文章中说道，规则意识的发展在儿童的成长中起到的作用是：

1. 建构一个对内在世界和对外在世界都清清楚楚、明明白白的人。
2. 建立了与外部世界以及和他人的和谐的生存关系。
3. 建立真正的界限，发展出强大的自我意识。
4. 建立平等、自尊的生存环境，驱除权威和暴力。

这个理念的提出，让所有的父母与教育者为之震撼。清清楚

楚、明明白白,这是何等高贵的生命状态。记得多年前见到一位高僧,他的提问和自答正是说明了这样一种生命的境界:

"知道什么是佛吗?

了悟既是佛。

知道什么是了悟吗?

清清楚楚、明明白白。"

规则意识的发展,让一个人不仅了解自己,也清楚自己与他人的关系,同时还能明白自己与整体环境的关系。这恰恰是当今教育最为需要的一种内在的品质,如此才能走向生命的和谐。

第二章 营地、教育、生活、规则，谁能离开谁？

规则是营地老师的必备工具

在营地生活中，规则分为三部分：

第一，环境规则。它主要的作用就是保护环境，建构人与环境之间和谐友爱的关系。例如：别人的东西不能拿，自己的东西需要保管好；营地生活期间，为了更好地体验和参与，电子设备禁止使用……

第二，游戏、活动的规则。在任何一个游戏或活动开始之前，老师或者教练都需要用清晰、简单、明了的方式，将游戏或活动的规则表达出来。例如：第一，不能触碰别人的身体；第二，禁语，就是不能说话，有需求只能用肢体表达……

第三，交往规则。在孩子们相处的过程中，很容易因为冲突而引发强烈的情绪反应，制定好交往规则，就会帮助孩子们更和谐地相处。例如：友善对待同学，不得给同学起绰号，不以暴力解决同伴冲突……

要想让这些规则能够真正落实，老师和教练都需要做到以下几点：

1. 温和而坚定的态度

通常孩子们的抗拒很容易激怒成人，而受情绪影响，成人就会选择强权式的管理方式，但这样的方式并不能真正帮助孩子产生自律，没有老师的时候，混乱和冲突依然存在。所以，温和而坚定、坚持和明确的态度就非常重要了，这是一种回归中正的教养态度，能够让孩子明白这条规则必须遵守，同时成人也可以做到不生气、不指责、不暴力、不软弱、不妥协、不冷漠。

2. 先建立联结，再处理事情

营地就如同一个家，如果先和孩子建立了良好的关系，再进行规则的要求，孩子们就容易知道规则只对事不对人。根据阿德勒的个体心理学理论，每一个人的生命都是为了追求归属感与价值感，当感受与周围的人有情感联结的时候，例如得到认可、得到支持、被感谢、被鼓励，就容易获得归属感和价值感。孩子也是一样，在营地生活中，当他们有了归属感和价值感的时候，就更加愿意合作。

通常，成人在觉得孩子的某些做法不对的时候总想去纠正他们，而方法就是惩罚。但如此则无法建立与孩子的情感联结，如果再用说教、唠叨、指责、羞辱，更无法让孩子感受到归属感。所以要让孩子与我们建立良好的合作关系，最好的方法就是尊重他们，并且先把我们爱的信息以正确的方式传递给孩子，建立亲密与信任感，之后，再与他们一起探讨和解决问题就容易许多了。

这种方式，对于青春期的孩子来说尤为奏效。他们会有自己的想法，甚至为此而去挑战权威。常常这种时候，父母会觉得孩子不再是以前的孩子，他们变得越来越有挑战性，并且带来越来越多的麻烦。父母越带着这样的情绪面对孩子，孩子就会越反抗。但如果我们能够相信孩子只是处于这样的一个特殊阶段，有这样的一些情绪波动，或者他们的身体跟他们的思想都在发生着一些变化，这只是他们成为一个成年人前的过渡，并且相信孩子还是原来的孩子，只不过是在这样的一段特殊时期，需要成人和环境更多的关注，接受他们本来的样子，那么就容易和青春期孩子建立情感联结。

很多事情并没有我们所想的那么复杂，也不是孩子故意要给我们带来一些挑战。帮助孩子感受到归属感、价值感与情感的联结，那么问题也就迎刃而解了。

3. 积极暂停

当我们使用规则帮助孩子处理冲突时，有一个原则：首先是倾听情绪，然后再处理事情。因为情绪被倾听后，孩子才会恢复到比较理性的状态，去面对和解决冲突。

积极暂停的目的是为了帮助孩子冷静下来并且"感觉"好起来，只有当孩子感觉好了，他们才会"做"得好。积极暂停，不仅适用于为孩子们解决冲突，同样也适用于成人。

在亲子营中，我们时常感受到父母的焦虑和烦躁。如果带着这些情绪，并不容易解决问题。因为处于某种激烈的情绪中时，人们的身体反应总是容易发起"战争"。所以这也是为什么我们带着情绪和孩子沟通，其结果不是伤害孩子就是伤害自己。如果我们有能力，在处于负面情绪的时候，先调整好自己的情绪，就会更有智慧地解决好当下的问题。

4. 启发式提问

在 ICF 国际营地教育培训中，Andrew 讲道："在营地教育中，所有的工作和活动，不是你去教授孩子什么，也不是以你的答案为主，而是让每个孩子寻找到自己的答案，并且在师资培训中也依然要遵循这一原则。"这样的原则对老师们来说是个挑战。在我们的应试教育中，大多是以标准答案为主。如何用启发的方式提问，需要老师和教练学习。

在生活中，命令式的语言更多，例如：不许哭！好好走路！这样做就可以！命令式语言是以结果为导向，即希望"速战速决"，马上解决眼前的问题或者麻烦。然而，命令式语言往往达不到预期的效果，不但无法解决问题，有时反而导致孩子激烈地反抗。

从心理学的角度来看，命令往往会激起身体的紧张，传递给大脑一个信号从而导致反抗。当孩子听到命令式语言的时候，他接收到的信息是：你比我强大，我只能服从。我无须思考，我的想法也并不重要。

而"启发式提问"是能够引导孩子主动思考的提问方式。它体现了"教育"这个词的本义，那就是去启发、发掘和引领，把潜藏于孩子身上的东西引导出来并变成现实。例如：你觉得如何做才能更好地遵守规则？遵守规则会给我们带来什么？你清楚哪些事情可以做吗？哪些事情不能做呢？

当老师或者教练采用启发式提问的时候，孩子就开始参与创造

属于自己的营地生活了。

"你觉得……为什么……？"

"你认为怎么样才能……？"

"除了……，还有……吗？"

"如果……会发生什么事呢？"

这样的句式，会促使孩子对周围的事物进行观察、推理，对已知的经验进行判断、选择和比较。同时能够让他们感受到信任和尊重，感受到自己作为独立个体被平等对待。这样他们会更快速地融入营地生活，并建构他们的安全感。

养育孩子是一段旅程。蒙台梭利说儿童是成人之父，是爱的源泉。当一个新生命呱呱坠地向我们展开他的生命旅程时，他在引导我们透过他来认识生命，而我们作为他和外面这个世界的桥梁也在引导他认识这个世界，愿在这段旅程中我们都能给彼此最珍贵的陪伴。

第三章

营地教育，呈现孩子身心独立的品质

独立是成长的需要
独立是做不是说
请允许孩子走向独立

点亮孩子内在的光

独立是成长的需要

分离总是痛苦的

记得每期青海湖亲子营里，总有一幕令人心情复杂。孩子要到后山去采集植物标本，父母要留在院子里做自己的功课，那一日清晨的分离看上去着实壮观。孩子们穿戴整齐，排好队伍，随着老师和大旗要去"远征"。父母们则在一旁嘱咐这个、安顿那个。当孩子们走出后院的时候，一些妈妈开始落泪、不舍、难过、担心，甚至有的妈妈跟着队伍去"送行"。

每当这个时候，我的拍档凌晓琪老师都会要求我将父母们提前带入教室，不要打扰她和孩子们的工作。为此，她曾写下这样的营地工作记录：

独立是孩子内在的需要，也是父母的期待和挑战。作为一个12岁孩子的母亲，我很清楚父母们面对孩子独立时的内心矛盾，因为我也是那千百万个父母中的一位。

有一次我梦见我的孩子不见了，梦中我感受到了巨大的恐惧。一早起来，我回想梦中的情境，那是我对与孩子分离所产生的一种潜在的惶恐。我的孩子12岁了，他已经不再是那个依偎在我身边的小男孩。他

第三章 营地教育，呈现孩子身心独立的品质

要长大，分离是必然的。这让我再次想起了龙应台的《亲爱的安德烈》，此时看，比过去看更有一番酸楚的滋味：为孩子一步步兴冲冲地走向与我们的分离，一去不回头；为他即将完全独立，在母亲心中留下的那份空落落的失落感。我想大部分的母亲和我有一样的心情，既欣慰于孩子的成长，又在无意识中拒绝甚至是阻止孩子的独立。

所以，从心理学角度解读"我们"这两个字所代表的文化，实际上就是一种共生文化（简单地说就是，你就是我，我就是你，你的就是我的，我的就是你的，没有界限，你我不分）。这是一种在孩子生命前6个月的母婴关系状态，但随后如果还是与孩子维持着这样的心理关系，就是退化，会像牢笼一样紧紧锁住孩子的生命，让他无法成为自己。

因此，蒙台梭利在她的教育哲学中说："走向独立是大自然的法则之一，一切在自然中孕育的生命都遵循着这一发展法则，除非有退化的倾向，否则孩子的天性一定是会直接而精力充沛地试图达到各个层面的独立。发展即是以朝向更大的独立为动力而实现的。"

不知道你有没有发现，其实在儿童独立的发展道路上，成人往往就是那个最大的障碍。身为父母最困难的事情并不是协助孩子独立，而是没有办法觉知自己已经成为孩子独立发展的障碍。

我们知道，精子和卵子在妈妈的身体里结合的那一刻，新生命就诞生了，但最初的生命和母亲共生在一起，离开母亲的子宫是新生命独立的第一步。但仅仅是身体上的分离还不是真正的独立，蒙台梭利把儿童的独立从三个层面揭示给我们：首先，儿童通过自立

（拥有自己来做的能力）获得身体上的独立；其次，通过自由的选择获得意志上的独立，第三，通过没有干扰的独立工作获得思想上的独立。

孩子在生命最初的 3 年就是在实现身体上的独立。刚刚出生的小生命看上去是那么孱弱，离开了母亲的照料，将不能存活。这时他的身体发育还不完全，身体也不完全受自己支配，即使如此，他也在悄悄地进行着独立的尝试。

从最早期的功能上的独立，例如口的功能、手的功能、腿的功能、躯干的功能……最后逐渐走向内在的心理、意识等方面的独立。而 6 岁之后的孩子，开始通过对这个世界的认知，扩大他们独立的范畴。

独立的愿望从出生开始

第一，通过自立获得身体上的独立

刚出生不久的小婴儿，无法自由支配自己的手。看上去，他们总是无意识无目标地晃动着手臂，似乎这个摆动的手臂不是自己的。于是婴儿一次次尝试把手放进嘴里，把小脚放到嘴里，直到他能够有意识地准确地将手放入自己的嘴里来感知，再接着把手能抓到的一切放到嘴里进行感知。

相比较于手臂的运动，更精细的肌肉运动就需要更长的时间来实现自立。妈妈们都能观察到：最初婴儿无法抓握住一件物品，逐渐他开始能抓住东西，但是动作还非常笨拙，一把抓住后无法有意识地放开自己的手。随着不断地练习，抓握和放手就会越来越灵活自主，手指与手指间配合，以及更精细的工作，就需要更多的时间和练习来完成。

除此之外，婴儿逐渐能够翻身、抬头、坐立、爬行、站立，直到独立行走。

幼儿探索世界不再依赖妈妈的怀抱，而是依靠自己的双脚，这些功能上的独立帮助幼儿获得了更大的自主性。

会走路后的孩子逐渐进入2岁。我们这时观察幼儿，便会发现他总是想加强自己的独立。他想自己做事情——搬东西、穿衣服、脱衣服，而不是听从我们的指示。他的冲动是如此强烈，致使我们通常做出的反应是阻止这种冲动。

然而，蒙台梭利说："我们这样做其实不是在阻止儿童，而是在阻止自然本身。因为儿童的意志与自然的意志是一致的，儿童在一条一条地遵循自然的规律。"

所以对于此时的孩子，父母要怎样做呢？简单地说就是允许孩子在家里能够成为自己，能做自己想做的事情，父母不要成为他独立发展过程中的障碍，更不要让祖父母和阿姨替孩子做任何他自己已经开始能够做的事情。

不要再给孩子喂饭，不要经常把孩子抱在手里，不要给孩子穿衣服。也许你会觉得如果不给孩子做这些就说明自己不重要了，孩子不需要自己了。其实孩子在很多其他方面需要成人的帮助和支持，但是在他独立的道路上，请不要帮倒忙，请让孩子在家里有机会练习成为独立个体所需的技巧。

孩子并不是学到什么就可以了，孩子更需要有机会不断练习他所学到的技能，孩子正处于要将自己发展成为一个有技巧、有协调动作能力的个体的阶段。这是他人生阶段中最基础的一个任务，他要学会如何协调自己的动作，他要学会如何去掌控自己的肌肉，从而使自己的肌肉成为大脑的工具。孩子开始意识到，能够用大脑去控制肌肉动作，从而能信赖肌肉，放心地利用肌肉去实现一些动作。

第二，通过自由的选择获得意志上的独立

当儿童逐步地摆脱了在身体上对他人的依靠，就开始通过自由地使用其选择能力获得意志上的独立。

说到这里，我想问此刻的你，你有意志力吗？为什么？

蒙台梭利说，有意志力的生命就是行动的生命。意志的全部外在表现都包含在行动之中，但意志不是导致行为发生的简单冲动，而是对行为的理智引导。

于是，蒙台梭利在对幼儿的观察中发现，当儿童从众多的事物中择其所爱时；当他从餐柜中取出该物，然后又把它放回原处时；当他梦寐以求的某些东西正被他人玩而一直要等待别人放到一边时；当他长时间聚精会神地做练习并纠正教材里他认为有错误的地方时；当他在安静训练中屏息凝神，一动不动，直到听到他的名字时才站起来，小心翼翼唯恐脚碰到桌椅并发出声响时……他已经做出了很多有"意志力"的行动。

也许你从未想过，在这些生活的细节中，孩子的意志力正在

第三章 营地教育，呈现孩子身心独立的品质

建构。

有些父母问道："那些看上去总是叛逆而固执的行为，是意志力的表现吗？"事实上仅凭冲动而采取的行动并非真正的意志力，这些比较野性、比较冲动的力量需要被引导到正确的道路上，让孩子不仅能够在一种持久的坚持中完成自己想做的事情，同时可以在这个过程中调整自己的行为，能与其他人及环境和平、和谐地相处。

虽然不能仅用一天或者一年时间就让孩子变得独立且有意志力，但我们必须明白：我们的初心是培养孩子拥有做决定并能履行决定的能力。不管结果如何，都允许孩子去体验并去承担后果，就可以让孩子不断去修正自己的行为。

蒙台梭利说："在最细微的日常生活行为里，每一次对最微不足道的事情做出的决定，从而产生对行为的逐步控制，在不断重复的行为里逐渐增强自我指导的能力，这些就是建构独立个性所需的坚实基础。"

在营地生活中，很多孩子对于保持有节奏且有秩序的生活环境都会感到困难，原因是：

首先，父母或其他家人在家过度地照顾；

其次，集体生活很容易不自觉地接受混乱；

再次，白天丰富的活动以及傍晚忙碌的交往，容易让孩子丢下日常生活中的基本秩序。例如：衣物乱扔，忘记归位餐椅，睡前不想洗澡，交往的过程中爆粗口。

作为老师，不因为就短短几天的相处而对此视而不见，也不因此就去惩罚孩子，而是依然采用一种时刻观察、不断提醒、反复纠正的方式，让孩子们在9天的时间中，尽最大可能地接受训练，从而让自己在这种坚持中感受到一种无形的"意志力"正在建构。

活动结束后，孩子会为自己的坚持而感到由衷的自豪。

记得在丽江营中，8岁的卓卓在最后一天徒步登文笔山山顶时，做出了一个超乎意外的决定：他要进入由大孩子们组成的"精英小分队"，完成全程12公里的爬山活动。在卓卓做出这个决定前，我与他和他的好朋友做了一次谈话：

首先，我说明了活动的难度和挑战：路途远、队友年龄都较大。

其次，我说明了规则：一旦参加活动，中途无法退出（由于是野路，车无法半道接应）。

最后，我说明了阻力：遇到困难需要自己解决，老师不能代替（不能帮着背包）。

卓卓听后沉默了一会儿，期间他的好朋友清晰地表达："我选择不参与，因为我觉得自己没有能力完成（一旁的老师都在偷笑，真心佩服孩子对自己的了解）。"而此刻的卓卓并没有因为朋友的选择而放弃，最终他坚定地告诉我，他决定参加，因为他要成为"精英"。我佩服卓卓的勇气和决心，同时也尊重孩子的选择，毕竟这是一个充满决心的愿望。接下来就需要去实践它，并超越阻力，实现这个愿望。

第二天活动开始，卓卓起初并未掉队，一直和队友在一起。但1/3的路程后，他开始落后了。这期间，一位男老师始终走在他身

后，但并未给他压力。一半路程之后，距离拉开了，再之后，他远远地落在了后边。那位男老师始终没有说话，只是默默地陪伴。中间几次，他感到非常辛苦，老师只是鼓励他，并提醒他这是一次选择，也是一次挑战，最终一定会胜利，老师会陪他完成这次挑战。经过几个小时的艰难历程后，卓卓终于完成任务，成功登顶。所有人都给予他掌声和赞美。

这个活动与这次选择，显然增强了卓卓的意志力，可以说这本身就是一场意志力训练。从选择到执行，再到遇到阻力，最终突破阻力完成任务，一切都由孩子做主，老师的工作就是帮孩子认清事实，并进行监督和给予支持。

这样的自由选择绝不是一种冲动行为。做出自由选择后要为自己的选择努力负责，并且在选择的过程中清楚自己的挑战能力，即拥有自我评估的能力。卓卓的内在是了解自己的体力和自身的力量的，正如好友对他自己的清楚评估一般，所以整个过程中，卓卓没有太多沮丧、抱怨和痛苦，而是在艰难中不断地调整自己的身心。

但一个过度冲动的选择，会做出危害他人的行为，一旦自己无法承受结果，就会将一切痛苦怪罪于他人。同时与之相反的是一种过度的抑制，会导致一个人丧失活力，这样的人虽然只是表面保持着安静，内心却渴望能够活动。他们一生中有许多时机来表现自己的价值，而他们却没有这样做，多少次想表达自己的真实情感、扭转困难的局面，却无法启齿。所以，真正的意志力是两者之间的一种平衡，即在过度冲动和抑制退缩的平衡中产生出的第三种力量，一种感性与理性完美结合的中和力。

蒙台梭利说:"假如在意志力形成的过程中需要治愈内在创伤,那么这样的内在建构只有通过自主的活动,通过冲动和抑制相互平衡的意志教育,方能实现。"所以,在你能够接受的范围内,将自由选择的权力交给孩子,并让其通过承担相应的后果来调节自己的行为,并为自己的行为负起责任,这就是最好的意志教育。

第三,通过没有干扰的独立工作获得思想上的独立。

这里所讲的工作并非我们平时所说所做的工作,而是指儿童一切有自己想法和需要思考的活动。

蒙台梭利认为:"教师最核心的工作就是通过帮助孩子准备适合其发展的材料来帮助儿童正常化。"因为,儿童通过专心的工作可以使某些重要的需求获得满足。而他因此所达到的心智上的平衡与和谐的新状态(超越了原有的状态),正是儿童的正常状态。在专心地做完自己所选择的工作后,孩子会表现出愉悦与平静。蒙台梭利把这种心智上的统合(统合——儿童通过对外在环境的吸收,在内在建立一个有序的、平衡的、和谐的结构,这个过程被称为统合)历程称为"儿童的正常化"。儿童表现出的种种现象当中,最根本而且最重要的就是经由工作而正常化的现象,它揭示了人是通过工作来建构自我的。

想要孩子们进入蒙台梭利所说的"不受干扰的工作中",必须满足以下几个条件:

1. 所工作的环境有独立性。即孩子们工作的空间完全属于孩子,期间不能有任何其他人或事的干扰。这个空间或是独立的营地，或是独立的教室，整个环境要充满"工作"的气息。

2. 每个孩子工作的材料要充分。这一点在营地教育中最为烦琐。每一次营地活动开始前的半个月，老师们就需要将每一天、每一项活动的流程从头至尾演示一遍，然后记录下来所有要使用到的材料。之后对材料进行分类，哪些可以在营地所处的环境中选择，哪些需要提前准备寄往营地。从而避免产生因为短期活动而凑合的心态。充分的材料，会激发孩子动手的愿望。

3. 在孩子们制作的过程中，老师只是观察者、帮助者，对孩子的作品不做过多指导和评价。只需要将孩子们的精彩瞬间记录下来，并在孩子们发生冲突时，做到制止和有效的疏导。同时，老师又是全程全然的参与者，这种参与不是用语言，而是用自己的心。

4. 在环境、材料、老师以及活动本身的兴趣点等几个因素的共同推动下，孩子们逐渐会出现一种高度专注的投入状态。

5. 通常活动结束后，老师会监督所有的孩子将材料归位，物品收好，为第二天的集体售卖做准备。

6. 每一个活动都是一个完整的工作周期。

如此不受干扰的活动让孩子们充分开发他们自己的想法并展示他们的创造力，一些作品令人惊讶。在《情商》这本书中，心理学家把个体进入全神贯注的境界称为心流状态。在心流状态，人们全神贯注于所从事的活动中，心无旁骛，他们的意识与行动融为一体。心流是情绪的至高境界，心流意味着情绪达到了极致。在心流状态下，情绪不受抑制和牵绊，而是积极、充满活力的，与当前任务协调一致。所以对于一个好的教师，他全部的职责就是帮助孩子找到能够高度投入的工作，并借助工作来建构和发展自我。

在一个完整的营期，除了各种户外运动，还需要为孩子们设计一项具有连续性的活动。比如：利用当地资源设计手工艺品，并拿到当地市场去兜售，然后将收入用来给家人买手信。这样一个系列的活动会成为一个小小的链条。在老师的帮助下，孩子们会在第一天接受任务，第二天选材，第三天、第四天制作，通常在第五天的时候进行内部展出。孩子们会把自己喜欢的作品留给自己的父母，然后再把一些其他的作品拿出来交换。直到第六天，才会把剩余的作品拿出去售卖。从这一点就不难看出，孩子们非常重视情感。即使最后一天出售所得的现金，也会想着为家人购买礼物。

最具挑战的部分是售卖，这是老师和孩子都要面对的困难，缺乏实际经验，甚至承担心理压力……但不论怎样，活动都要继续。

当孩子们在集市上摆好摊位，面对众多的陌生人，内心的紧张和恐惧会自然而然地出现。用什么样的方式去让孩子进行这样的实践呢？

首先，老师们要放松自己的心理，清楚地了解整个教学部分，享受和孩子们一起活动，并且和孩子们一起充满热情地去完成工作。

其次，引导孩子们学会如何与陌生人友善地打招呼，如何介绍自己，如何展示自己的作品，如何配合同组的同学售卖，如何不怕被拒绝，如何表达售卖后的感谢……

再次，在孩子们工作开始后，用旁观者的眼睛记录孩子们的经

第三章 营地教育，呈现孩子身心独立的品质

历，并给予孩子支持和鼓励。

最后，和孩子一起总结经验，享受成果。

蒙台梭利在她的书中说道："充满生机的世界，万物生机勃勃。生命为这种盎然生机之最。只有通过活动，生命的完善才能追寻，才能获得，而成人世界中一些人向往最少的工作时间、让别人为我们工作以及其他的懒惰思想等，这些对自然现象的违反是在儿童时期形成的。这些衰退现象的出现，是因为没有人在婴儿出生后的几天内，帮助他们适应环境，使儿童产生了创伤，对做事失去了兴趣。这种儿童喜欢他人的帮助，喜欢依靠别人的肩膀，不喜欢交朋友，看上去什么都不想做，没有活力。他具有一种退化的倾向，科学将其称之为"回归子宫的倾向"。正常出生和成长的儿童会逐步走向独立，逃避独立是一种退化的现象。"

所以，只要能够提供适宜的环境，使儿童顺应自然的规则发展，那么生命势必会走向成熟独立。就像我们物质的身体发育成熟是因为大自然赋予母亲一个最适合孩子孕育的环境——子宫，有了这个环境加上母亲通过脐带提供的营养，受精卵就会受生理胚胎的指引一步一步发育成健全的身体。而除了有物质的身体，我们每个人还有内在的世界、精神的世界，或者我们称之为自我。这个自我的成长需要不同的教育环境，因此欧美国家将教育分为学校教育、家庭教育和营地教育三个部分，为孩子创建了一个完整统一的成长环境。

独立是做不是说

一切的独立，是从日常生活的训练开始

在每一期孩子的独立营中，配有专门的生活指导老师，这很关键。因为生活自理能力关乎一个孩子对自己的认识，以及在生活中承担责任的能力。现在的孩子不是缺乏生活自理能力，而是缺乏让这个能力发展起来的空间。家庭里有太多的因素把孩子这部分的能力所承担的责任与孩子自己隔离开。我们的指导老师会积极地调动以及信任孩子这部分的能力。同时我们也相信经过这7天的独立生活，孩子们会对自己的能力有新的认识。

在一次帆船冬令营中，我写下了这样的观察日记：

14岁的TT上了帆船，但显然，他所有的动作都比其他同学慢一拍。上船后的第一件事情，教练要求学生快速检查和整理自己的行装，然后把背包放入船舱，开始学习绳结的三种打法。

其他同学都已经进入工作状态，TT却还在脱一件外套，然后换上另一件衣服；戴上手套，又发现自己的鞋子还没有换，于是摘了手套去换鞋。

在他还没有整理好自己的时候，其他同学已经听完了第一种绳索打

结的方法,进入到自我练习中。而TT却因为自己的服装问题无法专心听教练讲授。

接下来,就是教练的催促声。站在船下的我清晰地看见TT被催促时身体的紧张和意识的慌乱。我没有说话,只是观察。

终于,TT在一片意识混乱的状态下,把包丢进船舱。而这时,教练开始检查学生第一种绳结的打法,准备教授绳结的第二种打法了。TT再次慌乱地去找同学问第一种打结方法,但一切已经晚了,因为第一手的直接学习时间已经错过,TT只能从二手间接经验中学习。结果,接下来的两种绳结打法也只能如此学习。由于时间很紧,那个扎实的基本功也就这样看似不经意地错过了。

站在身边的老师问我:"为何14岁的孩子会这样?"

毫无疑问,TT的生活里少了一份日常生活训练,因此,他失去了日常生活的独立性。原因很简单,父母常年忙于生意,把孩子的一切生活都交给了保姆。对于保姆来说,并不明白日常生活的练习会给孩子带来怎样的益处,包办代替和全然的服务是考量她们的工作标准。就如我看到一位保姆给一个8岁的男孩子喂水,那样子分明是在照顾一个2岁的孩子。久而久之,孩子的自理能力就会丧失,更重要的是手部的肌肉由于缺乏锻炼,无法产生肌肉的力量从而无法带给孩子身体上的意志力。正如TT在准备自己行装时意识混乱,而这种混乱状态同样会出现于他的日常生活中,可以说他缺失了独立生活的能力。

我们在教育孩子的过程中,通常会忽视"如何学会生活"这件事情。记得刚做老师的时候,看过一个日本幼儿园的教学视频。一群幼儿园的孩子正在做户外体能训练,其中一个2岁多的小家伙,从一座小山丘上倒爬了下来。一些下滑的动作让我们慌张不已，但却看到视频中的老师淡定自若。

日常生活训练更是日本孩子的必修课。在蒙台梭利教育中这是一个重要的基础板块，如何穿衣、拿剪刀都是训练，一次次的练习，让意识集中于当下的动作，身体的肌肉随之记忆了这个训练过程，久而久之，身体就有了力量。

但这种训练学校没有，家庭没有，怎么办？自然，我们要将它搬入营地教育中。

凌晓琪老师是一位从教 20 多年的资深老师，其专业性堪称专家。在靛蓝纪的营地教育中，凌老师从来都坚持从日常生活训练开始。用一个短短的 7 天营地活动，去调整和训练孩子们多年未养成的良好习惯，对于当今快节奏的社会来说，这显然是个出力而不讨好的做法。没有人愿意在 7 天的时间里，花工夫去训练一件孩子很抗拒的事情，毕竟，常年被包办的习惯不容易被改变，同时懒惰是人性的弱点，所以自律才会珍贵。但凌老师却坚持了 8 年。

每天晚上 8:30 开始，凌老师会带着每一小组的带队老师进入小营员的房间，监督他们换洗自己的衣服，为他们示范如何使用酒店的设施，提醒孩子们检查行李和第二天外出的装备……

说实话，我欣赏的同时是敬佩。每天从早晨七点开始，到晚上 8:30 活动结束，近 14 个小时的工作之后，依然为孩子进行着日训工作，直到 10 点之后，孩子们熄灯睡觉，所有的老师才能做接下来的工作——当日总结和第二日的活动安排。

即使非常辛苦，这个每晚 8:30 的日训工作在靛蓝纪的营地生活

中从未被删除过。既然是营地教育,就一定要把真正的教育植入进去,即使只有短短的 7 天。

不管是身体上的独立还是心理上的独立,乃至于精神上的独立,都需要训练才能完成,而非仅仅停留于认知层面。

孩子从进入小学阶段开始,他们就要经历繁忙的学校生活,那是一场又一场的头脑认知活动。在他们的时间表中,一天的时间基本以一种枯燥的方式埋在课本中,埋在学科学习中。一个孩子的好坏以成绩的高低这种狭隘的方式来定位。这样的方式实际上极大地限制了孩子的天赋、潜能、优势的展现,极大地阻碍了孩子对自我的认知。

于是我们需要为这个年龄段的孩子加入营地教育。我们希望这个年龄段的孩子享有的是一种更加完整的教育,同时,用一种训练的方式让孩子们通过"行"去内化"知"。

身体的训练决不能少

在一个营期中,首先我们会考虑是否有非常适宜户外运动的自然环境,我们希望尽可能地让孩子体验更丰富的户外运动的乐趣。每一天从晨练起,孩子远离对电子设备的依恋,在真实的自然环境中和同伴们挥洒汗水,做一名痛并快乐的运动小达人。这也是我们为何会锁定一些户外运动的教练团队。在 TNS 自然学校创始人刘团玺老师的文章中,谈到了户外运动这个版块的重要性:

"我感觉自己就是那一朵云。"有个孩子说,他旁边的石缝里开了一朵兰花。滇西北的这一带,为横断山的一脉。云南境内的横断山被统称云岭山脉。滇山在雨季水汽氤氲，我们总行走于山中的云路上，享受漫步在云上的时光。我们走在云路与森林里——孩子们以及我们成人的五官、情绪感受，都被激活了。

这是一场户外活动中的登山活动：徒步、爬升、攀石、休憩、接组、补给、防晒、崴脚、帮助、喘气、海拔……孩子们与自然相处，遇到及处理各样的自然挑战，往往遇到扎脚的荨麻，走到一个路口迷惑着往哪里行走，或是天边的闪电暴雨给人的恐惧感，继而遇到体力上的门槛阈值……

这是一个户外运动教育中的场景历程。这样的生命时段，嵌入到孩子们的生命历程中，化作他们的教育滋养。几年过去，当我们回访这些孩子的时候，他们还记得魔法森林（冷杉松林）的绿色宫殿般的幻境。这是户外运动的真实体验，那么，请让我们再深究并探索一下，什么才是户外运动教育？什么才是真实而正确的教育？

首先应该思考和定义"什么是教育"。教育即生活、即生命，当我们活着，就会有关系，与自己的关系、与他人的关系、与环境的关系。关系是发现自己之门，也是教育成长的开端与过程。如果我们关心自己的生命，我们怎能不了解自己与他人、与社会，甚至与生命本身的关系呢？在环境的层面上，我们与大自然的关系，就是户外运动教育的真谛。

有了这种教育理念上的统一，我们开始和孩子们一起体验登山、攀岩、皮划艇、徒步等各项运动。记得在一次营地活动中，统筹活动的老师对登山项目有些恐惧和担忧（由于山路是野路，而且雨天非常泥泞），于是总想说服其他老师放弃这一项。但刘老师的

回复却令我折服，他说："在所有的户外运动中，兴趣好玩自然重要，但这不是教育的目的。登山是所有户外运动之首，我们没有理由告诉孩子，因为老师的恐惧而让你们放弃登峰的体验。既然我们选择通过户外运动的方式体验教育，那么我们就必须让孩子去挑战一些所谓的不可能。在这个挑战的过程中，我们要给予陪伴、鼓励、支持和协助，让他们懂得如何克服恐惧，完成自身意志力的训练……"

我知道，要想通过对意志力的训练而培养孩子的独立性，必须通过亲身体验去实现。而体验式教学正是营地教育的一大特色。当一个孩子开始用行动体验所要学习的内容时，孩子的身心就得到统一的发展。相比我们目前的头脑认知型教育方式，体验式教学更具人性化。

另一种训练就是让内心有力量

说到心理力量的训练，需要再提手工艺品的售卖工作。把自己和自己的作品呈现于世界，这需要心理上的力量。于是，我们需要让孩子们体验这一课。

古城售卖这一天，孩子们通常都既兴奋又忐忑，既期待自己的商品受到欣赏，被"一抢而光"，又担心万一无人问津怎么办？这是一场心理考验。

所以老师需要带领孩子在活动开始前，先组织一个讨论会，请孩子想一下售卖活动可以怎样完成，过程中可能会遇到怎样的情况、问题，要如何解决。这些启发式的讨论，在不代替孩子回答的前提下，能够帮助孩子理清完成一件事的思路，帮助孩子预想到可能出现的后果，并且积极思考可行的解决方案。

接下来孩子们就按照自己想好的思路、方案来分好销售小组，并且在组内分配好各自的任务：有人负责叫卖推销，有人负责收钱、找零、记账，有人负责看摊。

刚开始行动时，孩子们需要突破自己的尴尬、紧张，随着一次又一次的主动推销，孩子们渐入佳境，越来越能放松、享受地去做每一笔"生意"。当然，也有小组会遇到出师不利、总是碰壁让人觉得心灰意冷的状况，这时一旁的老师需要做的还是启发式的提问，帮助他们发现哪些做法可能导致不顺利，如何解决。例如：

你们觉得向什么样的人推销更容易成功？

你们觉得哪个位置最有利？

你们觉得如何打招呼会吸引对方停下来关注你们的商品？

如果遭到拒绝，你身体的能量会不会减少？ 怎样尽快为自己补充能量？

……

孩子们发现问题、解决问题的能力常常让老师感到惊叹。记得一个12岁的男孩说："老师，我原以为外国人会比较友善，于是我就用英文去向他们推销，但发现他们也不是都很友善。最后我发现，最友善的是年轻的姐姐，她们通常都愿意听我讲讲，并且听完了就一定会买。"

为孩子们提供一种独立工作的训练，是教育中非常重要的一课。经由他们的体验去认识自己，认识别人，认识世界。让他们知

道,和世界建构关系并不是一件容易的事情,需要一个强大的内在。而在这个训练的过程中,老师要做的就是:

1. 确保安全,这是底线。
2. 需要帮助时,用启发式提问帮助孩子自己发现答案。
3. 观察、观察、再观察。

事实也证明,在营地生活中,从没有出现过在这种不干预的方式下,不能独立完成工作的孩子。

请允许孩子走向独立

分离意味着痛苦也意味着成长

分离是痛苦的,但也是成长的历程。母婴第一次的分离就是分娩,分离和分娩一样都会经历疼痛和恐惧,但这种分离必须存在,婴儿要想有更大的空间成长,就会有分离。之后,孩子便开始经历一系列的分离之痛,断乳、学步、第一次上幼儿园、分床睡……

起初,父母非常期待孩子能够顺利接受分离,如果孩子为此而哭,父母会感到烦躁。但随着孩子长大,那个真正独立成熟的分离越来越近的时候,父母会在潜意识中感到紧张和恐惧。自己养大的孩子,就这样要完全独立了。

一位母亲这样描述自己的心情:

"我独自带大儿子。在这个过程中,我无数次地告诉自己,孩子是一个独立自主的人,不要让孩子成为我的陪伴。但有一天,儿子第一次带着女友来接我吃饭,我必须将自己平时坐的副驾驶位让出来给儿子女友的时候,心里依然不是滋味。坐在后排,我一路觉察自己失落的情绪,即使我告诉自己,他长大了,要有自己的生活了,我要向后退一步了,但那一刻依然悄然落泪。"

龙应台曾经在《亲爱的安德烈》一书的封面写道:"我的儿子不是我的儿子,18岁之后,他便是一个独立自主的人。"

任何一次分离,都意味着新的探索和发现以及新的可能性要出现了。2岁9个月的久久要上幼儿园了,自然要面临新的分离。在他的内在,一股依赖母亲的能量正在减弱,而想要独立探索的内驱力正在上升,这就是孩子生命成长的自然规律。

妈妈将他带入了一间教室。

第一周,他要妈妈陪着他在教室的周边活动。

第二周,他要妈妈陪伴他进入教室。

第三周,他让妈妈坐在教室外等待自己。

第四周,他对着要去教室以外较远地方的妈妈说"再见"。

有一次,妈妈带着姐姐送他,在妈妈和姐姐离开后的3分钟,他突然哭了,他要找妈妈。

我完全可以理解他的心情。与妈妈一个人的分离是可以接受的,但同时与妈妈和姐姐两个人的分离,就变得困难些了。这正如你要出差,妻子一人送你,你可以接受,但妻子拖儿带女地去送你,那个分离就变得困难了。

于是,我告诉带久久的老师,这正是老师和孩子建构亲密关系的机会。久久虽然哭着说要妈妈,但是并没有离开当下的地方。这说明,他内在的两股力量(依赖、恐惧和渴望独立)正在冲突,他需要外在的支持。老师,自然是最好的支持者。

当老师握着久久的小手边走边说"老师明白你,老师理解你"的时候,久久的情绪渐渐地好起来,然后自然地进入了新一轮的活动中。

跟久久的经历一样，既痛苦又有新的收获，在每一期的营地生活中，都有孩子们在经历这些。

卓卓因为想妈妈偷偷落泪，我邀请他来到我的怀抱，他却边哭边说："不，你没有我妈妈胖。"子安的手臂摔了，妈妈支持她继续留在营地，白天她参加活动，傍晚她会到我这里来获得关爱。丫丫会在某个傍晚告诉我："老师，我想妈妈了，我想打个电话。"

每一个孩子都在营地生活的放松、接纳和理解中战胜了那些因为分离而带来的难过，同时有了自己的收获和与老师更加亲密的新关系，而这就是成长！

允许与阻碍就是一念之间

5岁半的斑斑坐在爸爸的腿上，瞬间就睡着了。而爸爸就那样静静地坐在禁语徒步的路边。

2018年的亲子营，最小的孩子就是斑斑。起初，你无法想象斑斑只有5岁半。她的身体运动和协调能力，以及她的独立性，都高于同龄的孩子。从爸爸那里得知，斑斑从小就跟着他参加各种具有挑战性的户外活动，小小身躯，已经被训练得相当灵活。

徒步那天，由于路途长，我特意询问了斑斑爸爸孩子是否能参加，爸爸毫不犹豫地回答可以，斑斑也说，可以的。途中，斑斑累到极致，趴在爸爸怀里睡着了。爸爸什么也没说，只是独自坐在路边的石头上，让我们所有人继续前行，说他会自己照顾好孩子。

第三章 营地教育，呈现孩子身心独立的品质

斑斑就那么静静地睡在爸爸怀里，路过的孩子们无人打扰她，直到最后一位路过的孩子说"我想等等她"。不一会儿，睡醒的斑斑与那位孩子结伴，开开心心地走完全程。虽然到达终点的时候已经没有了参与其他活动的时间，但在爸爸的陪伴下，她如奥运小将一般挥手走入终点。

7天下来，斑斑的运动能力征服了许多大孩子，同时她身体上和心理上的独立性明显比同龄孩子强许多，而这则源于他爸爸的陪伴与允许。

贝贝8岁半，妈妈偷偷给他和姐姐报了一个冬令营。但就在活动开始后，贝贝妈妈每天都要承受爷爷奶奶的抱怨与指责。而贝贝在营地生活中，呈现出过度以自我为中心的表现：一切都要以自己的感受为先，容易处于和别人的冲突和矛盾中，同时还很容易大发脾气、口爆粗话。一旦情绪失控，老师都无法靠近他。

作为家中唯一的男孩，爷爷奶奶视贝贝为掌上明珠。家里有些隐形的规矩：

不许父母多说；

姐姐永远要让着弟弟；

用对待小婴儿的方式对待贝贝；

哭可以解决一切问题。

独立是每个孩子生命内在的渴望，也是所有父母的期待，但这份期待需要家长付出行动，在允许与阻碍之间就是一念之转，而结果也正如斑斑和贝贝一般，同在一个起点却走向两端。

庆祝分离

在一次"小小探险家"的夏令营中,我遇到了10岁的八月。他是一个略带腼腆的男孩,白天的活动八月都很享受。但晚上睡前,他的情绪波动就会来临。

我走进他们的房间,其他孩子们都在小声游戏,只有八月蜷缩在床上小声哭泣。我轻声问他:"你怎么了?"他不语。

"想妈妈了吗?"

八月抬起头,脸上挂着泪说:"是的。"

我笑了笑,然后问他:"你今年几岁了?"

"10岁。"

"平日是自己睡一个房间,还是和妈妈睡一个房间?"

"和妈妈。"

看着他满脸难过的样子,我咧着嘴笑着说:"那太好了,这次的营地生活真是太好了。"

他依然满脸泪水但充满疑惑地看着我:"为什么?"

我说:"你已经10岁了,这次你拥有了一个可以帮助自己走向独立的机会,而且它值得庆祝,这足以说明你比8岁又长大了很多。"

八月的眼睛一亮,像是等待已久的答案终于来临了一般,那丝疑惑开始褪色。

我起身为他盖好被子,再次问他:"这样的机会难道不值得庆祝吗？"

他显然明白了我的话，然后点点头，安心地睡了。

缓慢、温柔、坚定的言语，充满爱的眼神，让孩子一下安静了下来。从那晚开始，孩子没有再哭。因为走向独立的愿望比那份依恋更有内驱力，只是需要外力轻轻一推。

结营仪式那天，八月突然告诉我："老师你知道吗？你的身上有种魔力，只要和你在一起，我就可以安静下来。"

我知道，他体验到了那份庆祝与祝福的力量。

人的一生，就是这样无数次经历分离，从而得到历练，之后获得成长。谁又能够阻止这一生命成长的需要呢？允许并顺应它的发生，这需要父母的智慧。

第四章

营地教育，培养孩子责任感、
尊重他人和意志力等品质

在团体生活中的责任与贡献
社交从尊重开始
意志力是生命中珍贵的品质

点亮孩子内在的光

在团体生活中的责任与贡献

教育的三个不同载体

完整的教育体系有三个载体：家庭教育、学校教育和营地教育。这三者将孩子成长中的情绪、认知、心理和社会性成长完整地组合在一起，让孩子能够经历一个完整而立体的成长历程。在这个完整的结构中，不同年龄也会呈现出不同发展时期的特质。

6岁以前，孩子需要在情绪、情感和五种感觉的精微训练中得到发展，在这个成长过程中，家庭教育起到了决定性的作用。而6岁之后，孩子们开始进入更大的群体生活，带着之前所建构的内在世界开始了他们一边实践一边进一步探索的成长历程。于是学校教育所关注的认知发展与营地教育所针对的社会性发展，成为孩子立体成长的另外两种教育载体。其中，营地教育的活动对孩子理解户外环境、经历团队生活、建构独立精神等能力的培养起到了无法替代的作用。

一个人生命的头三年，是发展人类三种本能的最佳时期。0~1岁发展自保本能，1~2岁发展一对一关系的本能，2~3岁发展社群本能。之后，孩子会经历更大发展空间建构并延续性发展这三种

本能。而社群本能的发展必定要经历团体生活。

营地教育恰恰为孩子们提供了这样的发展空间。孩子们需要通过在一个团队中集体生活来建构：

1. 信任别人、信任环境、信任自己的能力。
2. 面对冲突的勇气。
3. 能够全然投入活动的热情。
4. 承担责任的能力。
5. 明确自己的地位与身份。

环境是谁的？

在营地生活中，我总会问孩子，这个环境是谁的？孩子们大多沉默不语。让孩子们从小明白，在自己之外还有他人和环境，而这个环境又是大家的环境，这很重要。

木工课上，孩子们积极投入，充满热情并专注地创造着自己的作品。那样的场景总会鼓舞老师。但活动结束后，我走进教室，看到一片狼藉，所有的垃圾无人收拾，工具无人归位。在我看来，即使孩子们完成了很好的作品，但这场教学依然是失败的。这样的课程也正是当今教育的一个写照。

美丽的洱海和那些充满民族风情的民宿让成千上万的游客留下了美好的回忆。但多年后，大片的垃圾与污染却不得不让政府责令拆去民宿。

正如一个孩子曾经问我："老师，为什么大家都不愿意归位东西，乱丢垃圾？"

所有的一切，是因为大家没有明白，自己正是这环境的一部分。

我将木工老师叫进教室，让他们说说自己的感受。之后我给出教学建议：用一个工具箱作为改正错误的工具，然后引导孩子们收拾好工具，归位桌椅，清理之前的"战场"，还原干净整洁的教室。

我邀请所有的孩子重返"战场"，为孩子们做示范，并要求孩子们自行完成。

这样的教学过程如何做到不采取过度严厉的方式又能让孩子们养成自律的习惯，这取决于老师对课程完整性的认知。通过多次的提醒和要求，让孩子们明白环境和自己息息相关，明白自律与秩序是对他人和环境的基本尊重，如此，这场活动才算完整。

当然，这样的要求不仅仅是在活动中。在任何环境下，都需要让孩子们知道：

"请归位物品。"

"请保持整洁。"

"请管理好自己的物品。"

"请不要随便丢垃圾。"

如此教育，才不会让孩子们陷入以自我为中心的漩涡中。

承担责任意味着真正长大

当一个孩子有了尊重自己、尊重他人、尊重环境的意识后，就

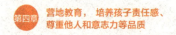

懂得什么是责任。在营地生活这样的大家庭中，从组建开始，就要让每个孩子明白，自己是这里的一分子，需要为这个团体做出贡献，并且在其中能够学习承担责任。

首先，需要给孩子们明确如何管理自己的物品，照顾好自己的起居生活，这是为自己负责。

每一次的营地生活都是对孩子们日常生活训练的一场考验，那些在生活中相对独立的孩子适应这样的生活就容易些，反之，营地生活就变得压力重重了。

8岁的楠楠兴高采烈地来到营地，这是他期盼已久的活动。但当晚他就难过了，独自洗澡、铺床、换脱睡衣以及整理自己的脏衣物等事情都难住了他。在老师给他示范后，他依然感到无从下手。我知道，困扰他的不是自己的动手能力，而是面对这些从未被培训过的内容而心力不足，只能为他降低难度。我帮他收好自己的脏衣物，陪他洗脚洗脸，但他依然不愿意铺床单、换睡衣睡觉。我知道，因为自理的困难，让孩子对营地安全感的建构也滞后了，要解决问题，需要多一些时间。

接下来的几天，他三次弄丢了自己脖子上挂的玉石，每次都沮丧地哭着找老师，然后发动全宿舍的同学帮忙寻找。

对于楠楠来说，完成10公里的徒步挑战并不难，但面对独立生活却是困难重重。这让他对营地生活有了喜忧参半的感觉，无法全然享受。

自立、自主才有能力照顾他人和环境，才有机会为团体做出贡献，所以帮助孩子自立自主是第一步。因此在营期生活中，不要过多代替孩子做他们力所能及的事情，借此来发展他们的自立自理能力，这和在学校是一个道理。

其次，在完成营地生活中的集体活动和自我照顾之外，还需要承担公共空间以及集体活动中的一些力所能及的事情。

做出有贡献、有责任的行为，一方面会让孩子充分体验到自己的能力，更重要的是孩子可以通过这样的体验发现自己的积极行为可以影响周围的人和事，这就有了自己与他人和环境的互动性。

济嘉在营地生活期间，表现出了他内在的美德，总会主动为他人服务。在沙漠营地的一天，做饭的师傅为全体孩子送上了大盘的水果，这是计划外的特殊礼物。在师傅满头大汗的时候，济嘉看到了师傅的辛苦，为师傅送了一杯水，并且说："天太热了，你喝吧。"这样的体贴感动了原本不太熟悉的师傅，当大家享受水果的时候，老师说明了这一切，这样的回应让济嘉感受到自己在这个团体中的价值。

接下来的几天，他总会帮助其他同学搭帐篷、拿行李。很快，那些平日里就很会承担责任的孩子们渐渐形成一种氛围，大的帮助小的，男生帮助女生，并且越来越能够主动成为老师的帮手，完成那些充满挑战的沙漠营活动。

当老师看到孩子们在学习如何承担与付出的时候，及时给予正确的回应，让孩子们发现自己对人、对事、对环境所产生的积极影响，会为他们未来建构与世界的关系埋下一颗有光亮的种子。

再次，设计集体共同创造的活动项目。

为了能够让孩子们明白如何为团体做出贡献，我们需要在活动

第四章 营地教育，培养孩子责任感、尊重他人和意志力等品质

设计中，特别安排一些赋予孩子的某种权力、责任的活动内容。

在建立青海湖营地的时候，我专门为孩子们设计了一个小小的商店。这个小商店平日没有什么营业，只有在孩子们来临后才会开放，主要的经营者也是他们自己。

在开营的第一晚，老师会将所有的孩子们集中在一起，通过不同年龄的搭配进行分组。之后各组选出组长，再由组长带着组员设计他们的一日商店经营方案。

这项活动的开展，让孩子们从进货开始体验，经过入库、售卖、记账、盘点等步骤，充分体验经营流程。这样的活动不仅要"团体作战"，而且要懂得服务。

在结营仪式那天，主管老师会向全体营员公开孩子们经营的账面准确率、销售额，并为孩子们发一份工资。更重要的是让每个孩子分享他们在经营中的感受。有的孩子会说起其中的困难，有的会谈到全组的协作问题，也有的会呈现出他们惊人的财商。最后，孩子会分享在这个团体"作战"的工作中，自己的贡献是什么。

有了这样的经验，在青春期营的活动开始之前，我将这个团体中的一些岗位进行招募：摄影师、教练助理、翻译、每日活动播报员、文字编辑等。孩子们一边在参加着营地活动，一边如同组织者一般，为这个团队承担一份责任。

在一次清迈营中，由于出境的需要，作为翻译的允骁和黄晔在飞机上就开始忙碌，他们需要帮助全团营员填写好出境单。在到达清迈机场后，他们还需要帮助那些尚未完成的同学进行各方面的沟通。这个过程展现了他们的能力与担当。

结营那天，孩子们收到了薪水，姑娘小伙子们激动地欢呼和拥抱。对于青春期的孩子来说，他们需要这样的历练，从而为他们做好步入更多学习的准备。

自我价值的增长

通常6岁以前的孩子，需要在父母的重视和欣赏中获得自我价值。而6岁之后的孩子，则需要通过对自己的认识、感受到自己的行为可以对环境产生的积极影响，来提升价值感。

和营员宇明聊天，谈到了家人。他为自己的家人打分：妈妈95分、爸爸95分、妹妹90分。当我问他：为自己打多少分？他情绪稍有低落地说："我嘛，80分。"听上去爸妈都很重要，而妹妹又小，深受宠爱。

于是我反问宇明："你知道我为你打多少分吗？"他稍有紧张地摇摇头。

"98分。"

他惊讶地问我："为啥？"

我如实地告诉了他我的想法："爸爸常年在外工作，妈妈独自带你们，还需要工作。你一定在家里既要帮妈妈，还要照顾妹妹，你为你的家庭做出了贡献呀。"

他立刻展开话题：如何照顾妹妹，妹妹又是如何黏着他。

看得出来，他还不太习惯这样的表达，也还无法坦然吸收这样的"养分"，我需要多讲几次让他明白自己是一个有担当有贡献的人。

　　自我价值感是每个人的内在需要，当他学会如何从一些有效的沟通中、自立自主的做事中、在团体中的担当和贡献中、在自我的认识和确定中吸收养分的时候，内在的自我循环系统就会被逐渐地建构起来，其价值感的提升也就呈现了。

社交从尊重开始

当一个人有了较高的自我价值时,他就懂得如何尊重自己和他人。在我们的营地教育中,所有的孩子在到达营地的第一时间,就需要了解交往中的各项约定:

与伙伴的交往中,我想创造和平、尊重、友善、互助的关系,为此我愿意遵守如下约定:

1. 不随便拿别人的物品,不给自己和他人带来麻烦。
2. 犯错时主动道歉,道歉会帮助我们和解,道歉也是一种勇气。
3. 请随手将东西归位,不及时归位将导致我们无法顺利工作、生活。
4. 耐心等待可以帮助我们解决资源有限的问题。
5. 尊重自己的界限,学会拒绝别人。
6. 尊重他人的空间,不打扰他人。
7. 尊重他人的界限,不对别人使用不文明的语言。

每个人都希望在一段有品质的关系中互动,这种品质一定来自好的感受。所以尊重是人与人交往的前提,可以避免关系陷入冲突。在凌晓琪老师的营地工作日记中写道:

营地生活期间,源源在吃自己带的零食,浩然问:"可以给我一点吗?"源源毫不在意地答道:"不用问我,你可以随便拿。"通常这样说,成人会定义为大方和懂得分享。但作为带队老师,我心里有一丝警觉,源源的话传递了一个信息:我的领域没有界限,你可以随时进入。

通常这样做,是为了维持关系,向对方示好,但问题并不仅仅如此。没有自我界限的两个表现:一是不会友善地拒绝别人;二是不能对自己的工作和选择负责。在接下来的几天中,我会观察到源源在面对事情的时候,习惯用闹情绪的方式来逃避,无法为自己要做的事情负责。如此一来,在交往的过程中,看上去是从分享开始,但事实上丢了自己。

通常,一个**建立自我界限**的孩子可以和家人很亲密,却仍拥有自我意识与跟他人分开的自由;可以适当地对别人说不,却不怕因此失去对方的爱;可以接受别人适度的拒绝,却不会因此在感情上内遁或畏缩起来。童年阶段是界限意识形成的关键时期,父母越是让孩子清楚自己的生活中所出现的界限问题,孩子才更可能因此而获益终生。

当孩子们没有**尊重他人界限**的意识时,习惯使用不恰当的言行:嘲笑、戏弄、侵犯界限、爆粗口等方式,通常最后就会导致冲突,爆发"战争"。

营期中,艺文是个活跃开朗的8岁小女孩,非常喜欢和其他营员交往,但是和自己感兴趣的营员互动时,她会习惯性地突然拍打对方的身体,也许是想引起对方的注意,也许是她惯用的打招呼方式,但对那些身体界限比较敏感的孩子来说,就会感到这个动作带来的侵犯性,交往便无法友善顺畅地进行。

孩子在交往时如何互动，实际上是他们生活背景的一个投射。我们在营期会观察到很多孩子不知道如何与他人有界限地、相互尊重地交往，不知道怎样互动能带来真正的喜悦和满足……

尊重环境的界限，主动维护环境，不随意破坏环境，不让大家生活在混乱中，这同样是在团队中的责任与贡献。

从开营起，徐尧就总是散着自己的球鞋。在开营仪式中，老师提醒孩子们要穿着整齐。但是仪式开始时，徐尧依然散着球鞋，歪躺在椅子上。老师提醒他观察一下环境中大家在做什么，其他人的穿着与坐姿。这时他强调道"我爸就这样"。他完全无法看到环境中正在发生什么，至于环境的要求，他也无法做到，即无法通过约束自己的行为来维护团体共享的环境。

人的行为只是冰山一角，深受埋在内心的感受、想法、观念、信念等因素的影响。我们常说的价值观就是影响一个人言行的内在原因。核心的价值观是一个人对自己、他人、生活和事情反应的内在信念，也是一种指引。人的核心价值观从小受父母和周边环境的影响，然后会不加拣选地全盘吸收。随着孩子逐渐长大，以及受到更多来自亲戚、朋友、学校、大众媒体和社会环境的影响，核心价值观会发生更新和扩展。而现在的社会环境对于养育孩子来说并非都是积极正向和友善尊重的。

孩子有什么样的价值观，最初取决于父母的意识，之后便是学校老师。成人对孩子的希望是尊重、诚实、自立、有韧性、有学习的动力、有责任感、慷慨、自律、助人以及有礼貌。但如果成人自身无法做到，那么孩子会更相信我们的行为，而不是我们的言语，并会以此为基础形成他们的价值观。

意志力是生命中珍贵的品质

意志力阶梯

在"小小探险家"系列活动的设计中,我们强调意志力、专注力的训练。先来看看专注力,著名的台湾认知与神经科学家洪兰老师在她的著作中提到能够改善专注力的方法是运动。因为研究发现,当人们专注做一件事时,大脑中的多巴胺和血清张素的浓度都很高(治疗"注意力缺失过动症"的药——利他能,就是使大脑分泌较多的多巴胺)。研究也发现,运动到某个程度时,大脑会自动分泌多巴胺、血清张素和去甲肾上腺素,这些神经传导物质都跟学习与记忆有关,所以孩子运动后的学习效果比较好,记忆力比较强。

因此,孩子不能集中注意力时,不要批评他,而是通过一种有引导性的运动训练让孩子逐渐集中注意力,而这种反复的训练可以将孩子对事物的注意力如同结晶一般沉淀于体内,久而久之,意志力才能形成。

意大利教育家蒙台梭利对孩子意志力的发展有过专门的论述,她说道:"意志力的全部外在表现都包含在行动中,有意志力的生命就是行动的生命。"可能这句话不太好理解，但你一定明白，怎样的人拥有顽强的意志力。

你一定不会认为，躺在家里整日幻想却什么也不做的人有意志力，做事半途而废的人有意志力……相反，那些面对众多干扰、诱惑却能使冲动和抑制相互平衡，从而有意识地完整地完成了一次行动的人，我们会称他为意志力很顽强的人。而从事一项体育运动对意志力薄弱的人来说是最好的训练。

于是，我在青春期营地生活中设计了相关活动，想看看孩子们如何理解和实践意志力的训练，最后的结果出乎意料得好。

首先，我在营地生活的开始设计了关于意志力主题的讨论：

听到"意志力"这个词的时候，你的感受如何？

学生的答案很有趣：

难过，因为自己没有太多……

思考，没有想过这个问题……

挺好，觉得自己在这方面还可以……

压力，想要而不容易有……

试想一下，如果意志力是一位先生，你与意志力的关系如何？

先是一片笑声，然后：

渴望，但无法靠近……

努力成为好友……

不要吧，让我想起了我爸……

不知道啊……

……

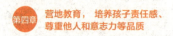
第四章 营地教育，培养孩子责任感、尊重他人和意志力等品质

在一段时间的讨论后，我发给他们每人一张表（内容选取自美国菲尔图先生的著作《意志力》）。

意志力阶梯层级图

第一级："零级"

这里所说的"零级"，并不是说"这个人根本没有意志力"，而是对意志力极其薄弱的一种统称。这一阶梯中的人，或许根本就不想做成任何事，生活的意义对于他们来说就是"混日子"。很多失败的从业者、无业者都属于这类人。

第二级："奴隶"

这类人非常有自己的特点，他们的意志力也非常薄弱，但最致命的是，他们做什么事情都并非自己主动的意愿，而是被别人所驱动，我想称之为"奴隶"并不为过。他们的意志力取决于别人给他们的压力大小，这类人在学生和工人中广泛存在。

第三级："拖延者"

这是一类广泛存在的人群，他们会为自己主动争取一些事情，但他们有个共同的特点，就是寻找各种借口，把事情推到下一个时间做，或者明天，或者下周，又或者更久以后。总之，他们绝不可能在今天完成既定的任务。他们的意志力也很薄弱，不足以帮助自己更好地掌控时间和生活。

第四级:"起跑者"

这一阶梯的人数也不在少数,他们往往容易心血来潮,突然间对某件事情很着迷,愿意花时间和精力去研究它们,在最初阶段意志力还算强大,但这种情况坚持不了多久就会放弃。

第五级:"中途下车的人"

这是一类令人感到可惜的人,他们制订了某些计划或者原则,并实施了很长时间,但是他们并不能坚持到底,就像车没到站就下车了一样。

第六级:"慢跑爱好者"

这类人在生活中情绪波动很小,看待问题比较理智,并具有一定的意志力,能够朝着自己的目标前进,不愿意停下脚步。只不过这类人前进的速度不高,且无法接受巨大的挑战,意志力水平始终保持在一条线上。

第七级:"勇士"

这类人不多见,他们的表现如同勇士,喜欢接受挑战,越是困难来袭,意志力就会越强大,甚至惊人!他们不喜欢那种散漫平庸的生活,他们既有主见,又有自控性,对生活充满激情。

第八级:"长跑冠军"

这是可以实现成功的人,就像奥运会中长跑冠军一般,懂得一张一弛，在需要加速的时候能让意志力变得强大，在需要保持体力的时候也能让意志力变得长久。他们会成为各行各业的杰出者。

第九级："国王"

有百分之一的人可以进入这个阶梯，这类人的意志力水平凌驾于绝大多数人之上，他们想做什么就能做什么！任何困难和诱惑对他们来说都可以忽视，他们完全能够让强大的意志力为自己服务。他们是意志力的主人，更是时代的创造者。

经由这张表，我邀请学员做自我评估。正值青春期的孩子，对自己对世界充满了好胜感，而在好胜心理之下又很恐惧。他们觉得自己还不错，但内心深处又在担忧自己是"零级"和"奴隶"。

于是，我将这九级的内容分别写在九张白纸上，然后按顺序排列好放置在地面上，引导他们做体验式的练习：

第一步：我邀请一位孩子站在"起点"，然后引导他深呼吸，让意识回到当下的身体和感受上，让心安静下来。

第二步：引导他保持这种内心安宁的状态将脚步跨向第一级，然后保持身体放松，感受呼吸，缓慢地说出："这里是零级的意志力，我站在这里，深深地体验意志力为零的感受……"

第三步：接下来，引导他就如同上台阶一般将脚步向前跨向第二级，然后保持身体放松，感受呼吸，缓慢地说出："这里是奴隶一般的意志力，要依靠别人的推动才能前行……"

第四步、第五步、第六步、第七步、第八步、第九步，每上升一级都让他尽可能地感受内心的不同体验，并能够说出这种感受。

之后，我用同样的方式，引导每个孩子完成这个体验式练习。

这个练习结束后，孩子们再次展开讨论和分享，有的孩子哭了，他们感受到了那种身处"奴隶"层级时的痛苦。

这个话题并没有随着练习的结束而结束。接下来，在第二天的活动中需要应用头一天的练习。

第二日的活动是海边近 30 公里的徒步拉练。出行前，我给学生们布置了作业：

带着意志力层级表出发；

途中观察自己意志力的变化；

活动结束后要做分享。

那天活动之后的分享很感人，孩子们分别谈到了徒步过程中自己身心遇到的困难：

"我口渴极了，但不知道前方是否有水喝，所以脑海里有个声音'放弃吧，去找商店买水喝'，但当我的手触到口袋里的这张意志力表的时候，我就想，坚持向前。"

"我的脚很痛，实在走不动了，但昨晚练习中，站在国王层级的那个感觉总是浮现，我想做国王，所以我坚持走了下来。"

"一路下来，好像各种层级的意志力我都体验了……"

"我从未想过自己也可以拥有这样的意志力，当我实在走不动的时候，我就告诉自己，我要做国王，我就是想要做国王，我可以的，就这样，我走下来了。"

这个结果超出了我的想象，让我真正看到一种精神的喜悦感超越了身体的疲劳，并呈现在那群青春期孩子们的脸上。正如孩子们

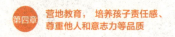

所说，在这个训练中，他们成了国王。

"轻易放弃"是现在很多人患有的"病"，一种心有余而力不足与恐惧纠结在一起的心理病。这种病会让你忘记了自己曾经的初心和最终的目的地，正如你忘了你从哪里来，将要回到哪里去一般。长久以往，一个人就会丧失认识自己、认识这个世界的机会，那个曾经美好的生命蓝图也就随之消失了。而教育恰恰是要让一个孩子拥有认识自己和认识世界的能力，如何帮助一个孩子开启内在的 GPS，并能够更加了解人生，描绘并走完自己生命的蓝图，这是父母与教育者乃至于教育载体要思考的问题。

户外运动与意志力

TNS 自然学校的创始人刘团玺老师是一位深受孩子喜欢的户外教练。他本人深爱户外运动和自然教育。关于意志力，他在营地教育日记中这样写道：

"我记忆中最难忘的那一天，是爬上苍山后感觉累死了，再从山上下来走那个又脏又滑的小路，天呐，我哭了好多次，跌倒了好多次，身上全是泥。呃，但我却最记得那一天，太难忘了，可真好玩呀。这可真奇怪！"

这是 10 岁的淼淼、这位"体力最弱"的女生对大理夏令营的一个登山回顾。

远征项目，英文叫作 adventure，它可以是骑单车从四川到西藏，也可以是在拉市海、洱海这样大湖里划行独木舟一天甚至数天。

有一次，我们带着广州一个国际学校的30个孩子，从丽江文笔海穿越去拉市海，再从狮子岩穿越森林回来，一天山路行程下来有40多公里，晚上9点多了，天色已晚。孩子们不经意间形成互帮模式，脚底是土坡、落叶松针。一天的登山及徒步远征，长距离行走和爬升消耗了相当多的卡路里，此刻，腿脚很累且酸软，那一刻，我们行走在星空下，在那黑暗的松林里，忽然有一群萤火虫飞了过来，巍峨高大的山影影绰绰横亘在远方。

"如果你能看到我的世界里那些渐渐消逝的美好，你就能体会到现在所拥有的幸福。"一个老师念到《萤火虫之墓》里的台词。有几个敏感的女孩子哭了。每个人走了一天，在疲倦中即将回到村庄，这时大家都有着自己的感受，感受着自然的神奇和融入自然的感觉。

多年以后，孩子们还会记得这样的夜晚。因为他们努力付出，他们的征程是依靠自己的双脚完成的。

在美国，在2010年年底，科恩兄弟翻拍老片True Grit（《大地惊雷》）获得第83届奥斯卡的10项入围奖，该片讲述的是一个14岁女孩在西部荒原为父报仇的故事。这部电影启发了教育界。美籍亚裔心理学家、宾夕法尼亚大学副教授安杰拉·达克沃思（Angela Lee Duckworth）将其发表于2005年、原名为"自制力完胜智商，预示青少年未来学业表现"的研究成果，更名为Grit Research（坚毅理论研究）。

Grit（坚毅）教育理论，提醒着人们：决定孩子成长成功、完整强大的最重要因素，不在于给孩子灌输多少知识，而在于教育体系能否真正帮助孩子获得以Grit为首的"七大秘密武器"。这七项指标分别是：Grit（坚毅）、Zest（激情）、Self-control（自制力）、Optimism（乐观）、Gratitude（感恩）、Social intelligence（社交智力）、Curiosity（好奇心）。

在坚毅教育价值观之下，情商是对一个人善于处事、内心真诚的总结。其实最终，情商也不过是"社交智力"的一部分而已。而所谓智商（知识教育体系所推崇的），压根被排除在了这"七大秘密武器"之外。

户外运动的兴起让众多的爱好者受益，同时，它带动了营地教育的发展。营地最早的起源就是露营，在露营中大人孩子们展开更多的社交，发展更多的户外运动和生存能力。而这些活动将很多的受益者一边从头脑中解放出来，去发展身心智慧，一边在更具有挑战的活动中，增强内心的意志力，提升内在的力量。无论如何，这是当今社会所需要的精神养分。

第五章

营地生活,是为孩子情绪疗伤的最佳时刻

对亲子营的父母说
快速有效的倾听情绪的方法
帮助孩子解决冲突

点亮孩子内在的光

对亲子营的父母说

在营地教育的开始阶段,亲子营是最受欢迎的一个项目。父母拿出自己的年假,带着孩子一起参加营地生活。这是一种进步,全然的陪伴是给孩子最好的礼物。

父亲是天

叶子妈妈果断地为自己的先生和即将上小学的女儿报名参加亲子营。原因有三:一是孩子要上小学,以这样的方式送给孩子一份入学前的礼物;二是自己马上要生第二个孩子,她希望女儿明白,即使有了弟弟或者妹妹,她在爸妈的心目中一样重要;三是借此活动,为女儿与爸爸创造更亲密的相处机会。

我理解妈妈的良苦用心,同时也对这位独自带女儿出行 7 天的爸爸很好奇,毕竟在当时独自带孩子出行的爸爸不多。

就这样,6 岁的叶子与父亲同行,来到了营地。叶子爸爸很酷,是位出色的设计师,没有活动的时候,总是抱着电脑,由于营地网络不稳定,就见他到处跑来跑去找信号。原以为他很难坚持下来,但却没想到,7 天的营地生活,爸爸始终安静地陪伴着叶子。每天晚上或者是活动的路途中,总能看到爸爸为叶子阅读英文故

事，那种宁静与舒缓让身边的每个人都不忍去打扰，叶子也非常享受其中。

禁语徒步时，叶子脖子上挂着一个放大镜，手拿一个指南针。带着这些工具，叶子一路观察，走得最慢，前面的人早不知走哪去了。但这并不影响叶子蜗牛般的速度，因为她要用手中的放大镜观察每一只小昆虫和每一朵小野花。

在这个过程中，爸爸从未催促女儿，跟着女儿的脚步，拿着照相机记录着女儿的一举一动。在那个硕大的自然空间中，他们如同两只美丽的蜗牛。直到女儿走不动的时候，爸爸将女儿扛在了肩上。

营期活动结束时，爸爸陪叶子一同上台，父女组合唱了一首有趣的英文儿歌。那样的场景在生活中不多见，很有电影感。

营地生活中，这样的个案不多。毕竟，在许多人眼中，养育孩子是女人的事情。2009年，当我开始有了创办营地教育的想法时，也是想到了父亲带孩子来参加，正如《爸爸去哪儿》节目那样。在一个家庭中，父为天，母为地，孩子要在天地之间成长，那么，孩子的成长又怎能失去父亲的陪伴呢？

与母亲的对峙

活动结束准备离开草原时，洋洋妈妈拉开车门，远远地喊："我们出发啦！"洋洋突然毫无预兆地爆发了："都怪你们叫我！本来我可以抓到田鼠的！"妈妈也火了，把车门一关："你不上来就算了！"

显然妈妈没有意识到，洋洋准备抓小田鼠时候的那份专注，妈妈一声喊，打破了孩子专注的世界，这的确令人恼火。于是洋洋又哭又骂上了车。整个回程，她都在歇斯底里，怒骂父母，踢打座位，发泄着怒气。而父母既尴尬，又伤心，不知如何是好，一言不发地坐着。这样的状态让洋洋更加生气了。

回到营地后，洋洋妈妈痛苦地流着眼泪回了房间。洋洋和陈老师待在一起，陈老师倾听了她好一会儿，等她情绪平复下来了，问："你的愤怒是今天的，还是以前就有？"洋洋明确地说："是以前的。"陈老师又问："你这么愤怒，是因为感到爸爸妈妈阻碍了你吗？"她说："是的。"

愤怒过去了，洋洋回到院子里，看到妈妈坐在那里，立刻露出了讨好的笑容。看来，她们之间有一个旧有的模式，今天的事件绝不是今天才形成的，而是过去的相处方式积累下来的旧模式。

洋洋的爸爸温和，会让洋洋放松；而妈妈严厉，洋洋时常感到恐惧和压抑。这让洋洋在生活中并不害怕爸爸，甚至在无意识间模仿着严厉的妈妈。孩子在情绪发展的过程中，学会了察言观色。要么是对爸爸的完全不在乎、不尊重，要么是对妈妈的完全害怕、听话。洋洋无意识中学会了不尊重温和的人，但又惧怕权威。

在妈妈开始意识到教育中的一些问题时，开始关注孩子的心理发展。她明白孩子的问题就是自己的问题，开始通过各种亲子课程与亲子活动来改变自己的育儿理念与方法。而这个改变需要时间！

当妈妈开始意识到并改变自己态度的时候，孩子的感受也变化

了。妈妈开始用更温和友善的方式与孩子相处，但怎么也没想到孩子却升温了，更加容易发脾气。这个释放从前压抑情绪的过程，让父母吃不消了。

母亲认为："我已经在做出改变，而你却不仅没有变好，甚至比以前更放肆！"在这样的状态中，妈妈内在的情绪也被撞出来了。

人喜欢讲道理，头脑总是大于感受，但感受恰恰和情绪相关，情绪往往被长久地忽视和压抑了。身处团体中的孩子，尤其是在亲子营中，孩子在放松的情况下，被压抑下来的情绪更容易因为一点点小事被引发出来。如何帮孩子处理情绪，这是家长和老师们都很头痛的事情。尤其是父母，更有一种委屈感，花时间、花精力、花金钱但却往往收获不到快乐，反而得到的是孩子一大堆的情绪问题。

父母到底该如何做呢？

首先，父母需要接受一个事实。由于之前对待孩子的态度过于严厉和粗糙，无法让孩子体验到一致性的相处方式，导致孩子今天在与人相处中的状态。这就是一个事实，不要再用自责来消耗自己，而是坦然接受，联结自己的心，平和地告诉自己：

"之前，我不懂得如何爱我的孩子，我只是无意识沿用了我的父母对待我的方式，无意识陷入了自己的暴躁中。当我发现这些的时候，我感到庆幸，并且为这个发现做一个庆祝（深深地呼吸）。

"从今天起,我愿意做出承诺,为孩子也为自己来改变一些自己的无意识习惯。我知道这样的改变并不是一件容易的事情,但我会给自己一点时间,允许新的意识进入我的生命,因为我爱我的孩子,我爱我自己。(深深地呼吸)感受这个当下的状态,请记住它。"

　　其次,学习倾听孩子的情绪,当孩子再次释放和宣泄的时候,首先让自己调整呼吸,不受孩子情绪的影响与干扰。告诉孩子:"妈妈知道你有一些愤怒要释放,妈妈允许,妈妈陪着你。"有可能你的孩子会大喊大叫推开你,你不要不知所措,也再次提醒自己不要被孩子的情绪所干扰,而是离对方稍远一点,再次告诉孩子:"妈妈给你空间,同时妈妈不离开你。"

　　第三,在这个过程中,你需要保持觉知,确保孩子不会伤害你,若要伤害你,需要明确地告诉孩子:"妈妈知道你很愤怒,妈妈也允许你愤怒,但你不能伤害我,不能伤害自己。"

　　第四,选择陪伴孩子释放情绪,对孩子说:"妈妈陪你一起撕纸,或者拧毛巾,我们一起,我知道心里不好受。"其他的方法还有跳舞、大喊、摔枕头、跺脚……

　　第五,每一次的倾听都是一次内在的疗愈,而倾听之后,孩子有可能累了或者是睡了。你需要抱一会儿孩子,同时也可以温柔地告诉孩子正确的面对事情的方式,说出当时真实的感受。

　　这样的倾听会非常有效地帮助孩子释放已有的情绪,建构新的认知方式。

　　但对于父母来说会是一次挑战,若你对自己的情绪不熟悉,就

第五章 营地生活，是为孩子
情绪疗伤的最佳时刻

很容易被孩子的情绪激怒。当你内在的能量不足以面对这些的时候，你也会容易退回到以前的方式中。最大的挑战还不止这些，在这个过程中，你内在的那个曾经没有被很好照顾和倾听的受伤小孩就会浮现，这会让你瞬间退回到3岁或者5岁。麻烦自然来了，一个3岁或者5岁或者10岁的孩子，怎么能有效地倾听另一个3岁或者5岁或者10岁的孩子？所以，保持觉知（你知道你当下在做什么）和深呼吸，在这样的过程中很重要。

做父母是一件幸运的事儿，在认识孩子的过程中也经历着重新认识自己的过程，而这恰恰是生命给我们的礼物！

快速有效的倾听情绪的方法

第一次处理情绪

亚博第一次进入我的视线，是在草原上。

我突然听到一阵歇斯底里的哭喊声，转过身，看到他边哭边推搡着妈妈说："我要买奶茶！奶茶没有了！"妈妈坐在旁边一言不发。孩子咬牙切齿，全身紧缩，满脸愤怒，带着深深的压抑，从喉咙里憋出愤怒的哭喊。听得出，他并不是全然的释放。

我走过去抚摸着他的后背，告诉他"老师知道此时此刻你很愤怒，你很愤怒"。当我反复这么说时，显然他的内在一边感受这句话，一边无意识地调整着情绪。

妈妈向我解释说，他去买奶茶，但是奶茶已经没有了，然后就发了脾气。潜台词是，这是他的事，跟自己没有什么关系。我很快感到，孩子无法承受的不是没有奶茶，而是错失了买奶茶的机会，所以深深地沮丧。同时我猜想，他问妈妈拿钱时没那么顺利，等拿到时奶茶已经"消失"了。当下的失去，让之前曾经让他备感沮丧的事情也浮现出来，累积的情绪便爆发了。

我疏导亚博："我知道此刻你非常愤怒，非常沮丧，因为奶茶没有了，这个机会没有把握到。"面对孩子的情绪，最好的方法就是这样，保持自己的平静，并且用准确、简洁的语言告诉他此刻发生了什么。反复这么说时，他的情绪开始平和，逐渐安静下来。

当他平静下来后，我尝试着说："除了奶茶，你还可以选择些什么？"

他悄声说："巧克力。"

我鼓励他："那就快去，去晚了，有可能又没有了。"

他没有马上行动。

妈妈有些担心："快去吧，去晚了就没了。"

看到他依旧没动身，我又问道："要老师陪你去吗？"他不说话。"要妈妈陪你去吗？"他依旧没有回答。

我突然意识到他不是真的想去买东西，而是被某种情绪给卡住了。于是我带着警觉告诉他："这是你自己的选择，如果失去选择的机会，你将要为自己负责任。"

听到这句话，他突然怒不可遏！我感到，"为自己负责"对他来说是太大的压力。似乎在这件事上，他受的挫折太多，甚至连这句话都没办法承受。

他狠狠将头顶向我，把我顶倒在草地上。我坐起来，他再次狠狠冲向我，把我顶倒。我知道，这个情绪发泄过程并没有结束。坐在一旁的妈妈，尴尬得不知所措，一言不发。

于是，我再次起身，而他再一次冲向我，把我撞倒。这一次我缓慢而稳定地起身并再次坐在他身边的时候，他的情绪已经释放完了。

他静静地坐着，我看着他，缓慢地说："我知道，这个经历一定不好受。"他友善地看着我，他不是因为买东西而难过，而是这一个场景引发了他曾经的某些创伤，让他难以面对。一段时间的安静后他突然确定地说："小商店里还有很多奶茶，也有很多巧克力，回去之后我可以买。"然后长长地呼吸。

这个对事物的认识与总结由他自己完成，是经由释放情绪后自己的了悟。而成人只作为环境存在于那里，并安住于自己，同时带着感受去联结孩子的感受，然后去倾听和帮助他释放情绪。当这个过程充满安全和稳定，孩子内在的自我调节系统就会帮助他完成整个情绪处理的过程。

没过多久，他与别人的冲突又来临了。老师拿来了羊肉串，他非常喜欢，主动要了两串，喜滋滋地吃着，并拿着羊肉串爬进了帐篷，也许是羊肉串破坏了帐篷里的氛围，帐篷里的孩子拒绝他进入。冲突爆发了，亚博的情绪也再次爆发。

就像刚才一样，亚博全身收紧，满脸愤怒，咬牙切齿，带着深深的压抑喊："我要杀了他！让他去死！"

面对情绪，这个孩子已经有了一个模式，导致身体也有了一个模式。要想真正帮助孩子解决问题，父母需要清楚这个模式，在调整孩子情绪的同时，还需要调整模式，否则这个模式会继续伤害孩子自己。

成人不容易发现这个模式，总是认为当下的情绪是由当下的事件引起的。事实上，如果想调整模式，首先要释放当下的情绪，告诉孩子"妈妈知道你此刻非常愤怒"，而不是说"你很生气"，释

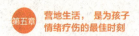

放情绪的第一步就需要用准确的语言表达来匹配孩子内在的情绪。当他的情绪被认可后,再尝试解决当下的问题,事情就变得容易很多了。

有的时候,孩子难以面对事情本身,情绪像一团糨糊,要辨识清楚比较困难。父母首先要清楚这些情绪,然后循序渐进地帮助他们认识这些情绪。这个过程,说清楚事件本身非常重要,是非观念就在这里建构。

模式的调整要比情绪的调整困难得多,但是一旦发现了模式,逐步帮助孩子梳理了一团麻的情绪,孩子的情绪调节能力就能得以发展。当情绪再次来临的时候,孩子们会用正确的表达与释放来解决问题。

倾听孩子情绪的方式有以下几个步骤:

第一步:准备好自己,不要在烦躁和疲劳的时候去倾听,也不要在马上要处理许多事情的时候去倾听,而是在自己相对平静又有点时间的情况下去倾听。

第二步:允许孩子哭,并且在不伤害自己、他人和环境的情况下释放情绪。例如:让周围的人离开一下,然后允许孩子大喊、跺脚,以此来释放愤怒。

第三步:尝试着让孩子说出为何生气、愤怒。

第四步:理解并接纳孩子的感受,之后给出建设性的建议。

第五步:将情绪逐渐恢复的孩子重新带入团体,并做一个小小的欢迎仪式。

第二次处理情绪

我站在走廊这头,看到满脸愤怒的亚博从餐厅里跑出来,双手紧握着拳头,冲进了自己的房间。我跟进了孩子的房间,但他拒绝我靠近他。

这时听到有人说,餐厅里一个妈妈受伤了。我跑进餐厅,看到亚博妈妈蹲在地上,疼痛让她无法站起来。我把她扶坐在椅子上,她泪流满面地说:"孩子大了,这一拳太痛了。但是我知道他到了发泄的时候,无法控制自己,所以我不怪他。"

妈妈并未帮亚博处理事情和情绪。在接下来的活动中,亚博又一次情绪发作。他一把推开身边的妈妈,跑向远处高高的花台,准备跳下去,而花台下面是一个台阶,很容易受伤。

我走过去说:"你非常生气。"停顿片刻,我又问:"你是想伤害自己吗?"他边哭边说:"不!"

"你想跳下去释放一下情绪吗?"

他大声而确定地说:"是的!"

"那里有一个台阶,会伤到你。"

他边哭边说:"那我往旁边跳一点。"

孩子头脑很清醒,只是当下情绪如暴风雨般来临,他无法自控。他从旁边跳下来,走回房间,我跟了过去。这一次,他允许我坐在他身边。

我问他:"发生了什么,让你这么难受?"

第五章 营地生活，是为孩子情绪疗伤的最佳时刻

他不说话。

"你是在生谁的气？是妈妈？还是小朋友？还是你自己？还是我？"

他平静了一下说："是妈妈和小朋友。"

带着觉知，我缓慢地尝试与孩子联结："那就让我们一个个来看。首先告诉老师，为什么生小朋友的气？"

他开始讲述，那个孩子不守信用，总是故意说一些话刺激他。

"你被激怒了，是吗？"

他明确而快速地回答："是的。"此时他脸上略过了一丝回忆，接着说："有的时候，小朋友会给我起绰号。"

"听到绰号，你非常愤怒，感到不受尊重，是吗？"

孩子略带悲伤地说："是的。"

"那你就告诉他，不可以。"

他有些着急："我说了，不管用。"

我看着他的眼睛，缓慢而确定地告诉他："继续说，你不可以，如果这样，我就反击你。"

他绝望地说："我说了，但是不管用。"

看来，孩子内心的力量并没有升腾起来，需要给他一点时间。于是我换了话题问道："你生妈妈什么气？"

他说："我不想和小朋友有问题的时候，她站在我身边。"

瞬间我脑海里划过了《小鹿斑比》的第二集，两只小鹿发生争执，一只鹿妈妈过来找自己的孩子，回家的路上，孩子对妈妈生气地说："噢，妈妈，请你不要在我交往时来打扰我。"

孩子长大了，想自己来解决问题，但妈妈总是站在前面，让他失去了解决问题的空间，失去了使用内在力量的机会。他感到愤怒，感到父母妨碍了他，但又无法表达。

我搂着他的肩，深刻地感受到孩子想成为自己的愿望，妈妈依旧用对小孩子的方式来爱他，但亚博已经长大，只是一味保护的方式已经无法满足孩子内在的需求了。我告诉亚博："妈妈并不知道这一切，下次再遇到这样的情况，你告诉妈妈，你长大了，你想自己来处理和面对问题，请给你一点自己的空间。"

他深深地点了点头，抬起头来看了看妈妈，妈妈已经泪流满面。因为她从不知道孩子的心声，她以为照顾、顺从就是对他的爱，但她忽略了一点，当孩子长大的时候，需要自己做主。

我们的头脑里有很多神经网络，通过经验形成回路，这就是模式。在亚博的成长中，形成的回路是"我很生气，但我没有办法解决"。如果他能够明确地告诉妈妈："我长大了，我想自己去解决。"这就是自我创造的新过程，反复实践后就可以替代原来的模式。

若想做到明白孩子内在情绪发生着什么，并能够说出可以引导和转化孩子情绪的话，需要成人练习两点：

第一，对自己的情绪有足够的认知，从而才能洞悉孩子的情绪；

第二，联结。通过自己的感受，联结孩子的感受，于是感同身受，这时候就能发生共振。这会帮助成人了解孩子的内在发生着什么。

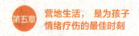

第三次处理情绪

第三次帮助亚博处理情绪问题,是在夏令营的结营仪式上。亚博正坐在妈妈的腿上,抱着妈妈的脖子。主持人发出邀请,谁愿意上台领取礼物。亚博享受着与母亲的亲密,虽然先举了手,但没能马上做出离开妈妈身体的动作。在犹豫之中,另一位妈妈带着自己的孩子起身上前,而亚博在妈妈的鼓励下也一起站了起来。

亚博还是晚了一步,他无法接受事实,认为自己先举了手,而礼物却被别人拿走了。

一种说不清楚的情绪再次让他崩溃:他感到自己已经触摸到了,却又失去了,那个拿走礼物的孩子是由妈妈陪同上台的。

妈妈把他带到屋外,他放声大哭,但很快平静下来。

事情结束后,妈妈问我:"孩子调整情绪的速度快了很多,作为父母之后该怎么办?"

首先,孩子在 7 天的时间里,通过一些事件释放了一些情绪,并且对自己的情绪有了一些梳理,会使调整情绪的时间明显缩短。要想让孩子的情绪转换得快些,需要在事情发生的时候,帮助孩子把情绪表达出来,在接纳和理解后,转化的速度就提升了。

其次,在生活中,父母不要用自己的情绪去处理孩子的困难。例如:在交往中遇到冲突或者在学习上遇到阻力,这本身对孩子来说就是困难的事情,如果父母此时不冷静,并且充满指责和抱怨,两种情绪的交织,让孩子更难表达自己,情绪就容易压抑或者过度爆发。保持自己的冷静和稳定，父母要接受训练。

最后，任何一个父母都希望自己的孩子能够活得更好，而爱与勇气恰恰是生命原有的特质。在一些看似失去公平的事情中，如果能够为孩子转化信念，孩子就会有更大的收获。例如：在面对"不公平"这件事情上，孩子们最无法理解的就是自己没错却失去了！那么，我们需要告诉孩子："这不是你的错，这只是个已经发生的事实。我们理解你的心情，学着接纳是因为我们心里有爱。"

孩子情绪的发展主要在 6 岁以前，如果错过了这一时期，随着孩子接触的事情与环境越来越多，就会让太多积累下来的情绪发生叠加现象，原本当下的小事，却被那些之前就压抑下来且不知名的情绪裹挟，陷入情绪的混乱中。这时候，父母就会不知所措了。

帮助孩子解决冲突

情绪是孩子成长的一部分

对于孩子的成长来说,行为和情绪是一个窗口,透过这个窗口我们可以去了解一个孩子的内在世界。但如果仅仅是用我们的头脑的判断来解读,常常会误解重重。这也意味着我们必须用心来体会和理解这些行为和情绪。在营地教育中,团队生活难免会有各种冲突发生,于是,如何面对孩子的冲突,并帮助他们解决冲突、释放情绪,就变得很重要了。这正是将心理发展与营地教育紧密结合的部分,而这部分的工作恰恰是对老师们的巨大挑战。

凌晓琪老师针对这一现象这样写道:

锦熙是那种让人印象深刻的小营员,就像老师在众多学生中通常会记住两类学生:最优秀的和最调皮的,他属于后一种。

集体活动中他总是要逾越规则、边界随意行动,任何提醒都没有什么作用。要出发时,他会赖在床上说没睡醒;要睡觉时,他会玩兴正浓难以抑制;大家在排队等候时,他早已离队另辟蹊径;大家在一起合作玩耍时,他又有点寂然地在一旁自寻乐趣;与队员发生冲突时,他一定会针锋相对并且大打出手。 所以,他成了这个团队中一个活跃的疏离者，活跃是因为内心有渴望，疏离是因为他无法和他人自然地亲近。

一次和其他营员发生冲突大打出手后，我单独和他在一起，待他情绪平稳后，我们聊了起来。

我问他："在学校时你通常和同学怎样解决冲突呢？"

他回答："打回去。"

我接着问："这样问题解决了吗？不会给自己带来更大麻烦吗？"

他回答："就算有麻烦也要打回去，只有报复、还击时才会觉得有用，觉得好受。"

听到他的回答，能感受到他的愤怒伤心，甚至是恨意，心里觉得格外心疼他。因为他一定是有很多孤独的时刻，觉得伤了心而无人懂得。可以说他对环境对他人，已经不信任甚至是有敌意，无疑这源于他过去的成长经历。如果过去的经历让他不断感到深受伤害，让他深深失望并且发展出对他人的憎恶，那么他的行为就会表现出攻击性，因为他会觉得只有这样做，只有报复，只有让对方也不好受，才是有用的，自己的愤怒才能宣泄。但实际上这是个错误的信念，由此而产生的行为并不能为他带来归属感、价值感。

若想让他的生命状态发生转变，并不仅仅是从行为上去纠正他，而是要理解他行为背后的心理原因，承认他被误解、被忽视、被伤害的感受，看到他真正的需要：被认同、被看到、被接纳……

这便是一位支持者所要做的工作，用心去理解和体会孩子的行为和情绪，并尝试理解他们的心理需求。当内心被看到、被感受到、被接纳时，和解便产生了，生命便能回归本来的积极的方向。

教师的工作是陪伴和理解孩子。在一个充满善意的环境中，孩子的生命状态自然会发生改变和获得成长。当锦熙感受到我对他的理解和接纳时，他眼中含着泪水，瞬间那个强硬的外壳被脱了下来，露出了柔软的内在。

这让我想起几年前看到柴静所写的访问卢安克时的两个片段，柴静这样写道：

我和卢安克坐在草地上，七八个小孩子滚在他怀里，时不时地打来打去。

我本能地拉住那孩子的手："不要这样。"

"为什么不要这样？"

我就差说"阿姨不喜欢这样了"，忍住这句话，我试图劝他们："他会疼，会难受。"

"他才不会。"他们嘎嘎地笑，那个被打的小孩也乐。

卢安克坐在小孩当中，不作声，微笑地看着我无可奈何的样子。

我后来问他："我会忍不住想制止他们，甚至想要去说他们，这是我的第一个反应，可是你不这么做？"

"我知道他们身上以前发生的事情，还有他们不同的特点，都可以理解。"

"但是理解够吗？"

"如果已经理解，然后再去跟他们说一句话，跟反感的一句话是不一样的。"

我采访的孩子里有一个最皮的。

我跟任何别的学生说话，他都会跳进来问"说什么说什么说什么"。

等打算跟他说话的时候,他已经跳走了,或者把别人压在身子底下开始动手了,我采访他的时候,他急得不得了,前摇后晃。

他只有待在卢安克怀里的时候,才能那么一待十几分钟,像只小熊一样不动。即使是别人挑衅他,他也能待住不还手。

"文明就是停下来想一想自己在做什么。"卢安克说,但我从来没见过他跟孩子去讲这些道理。

"语言很多时候是假的,"他说,"一起经历过的事情才是真的。"

他陪着这些孩子长大,现在他们就要离开这所学校了。这些小孩子,一人一句写下他们的歌词组成一首歌,"我孤独站在,这冰冷的窗外……""好汉不需要面子……"大家在钢琴上乱弹个旋律,然后卢安克记下来,他说,创造本来就是乱来。

这个最皮的孩子忽然说:"要不要听我的?"

他说出的歌词让我大吃一惊,我捉住他胳膊:"你再说一遍。"

他说:"我们都不完美,但我愿意为你做出不可能的改善。"

我问:"你为谁写的?"

"他。"他指向卢安克。

卢安克并不仅仅是简单地允许孩子接触他的身体,以此产生与孩子的亲密,他知道这些孩子们内在的需要。当一些信任产生后,更深入的影响才会发生,但这并不容易做到。

第五章 营地生活，是为孩子情绪疗伤的最佳时刻

看见冲突

面对孩子之间的冲突，大多成人会认为只要批评一下就可以了。尤其是在相处短暂的营地生活中，哪有那么多时间去处理这些看似琐碎的事情。但恰恰是在这种离家的日子，才需要给予孩子支持，让孩子在一个团体中建构安全感。

朋友的孩子在 8 岁那年，独自一人去参加美国的一个儿童独立营。父母期待孩子借此机会能够获得独立，同时又能够接触到世界各地的孩子，开阔视野。但在孩子营地生活期间，不知遇上了什么困难，每到晚上，就会哭着打电话向妈妈求助，说自己很恐惧。直到最后一天，孩子哭着告诉妈妈，再不去接他，他就死。

原本是一个美好的期待，但最终结果并不好。回家后，孩子难以从营地的痛苦中走出来，接受了多次治疗。造成这一切的原因在于：孩子参加了一个非常大的营地活动，参加的孩子有 500 多人，来自全世界各地。而教师相对年轻，大多又是义工。当这个孩子经历冲突的时候，无处求助，并且无人理解，自己又难以说清楚困难，导致经历了一次失败的营地生活。

越是在这样短期的团队，孩子越是不容易建构真正的安全感和信赖感。所以要创造让孩子和父母信赖的营地生活，就需要老师和教练快速了解和掌握孩子们的心理状态。

但往往越是因为短期，就越容易将所有的关注聚焦在活动上。尤其在今天的营地教育中，大多是以户外运动和旅游为主，随着一个活动到另一个活动的快速转移，老师和教练几乎很难再有精力去处理这些孩子之间看似正常的冲突。这也正是营地教育被营地活动所替代的原因。

要想真正将教育贯彻在营地生活中，老师必须能够看见冲突。

在一次青春期亲子营的团体生活中，一群十二三岁的男孩女孩发生了隐秘的冲突。表面看上去大家一团和气，家长也认为孩子们相处得很好，但在私下，他们之间有了矛盾。显然，几个男孩联合了其他几人，排斥团队中的一个女生。

被排斥的女生是一个很要强的女孩，在她六七岁的时候，父亲意外离世，她始终跟着母亲生活。这让这个女孩身上有种"我不比别人差"的不服输劲儿，也因此，有了"我要控制整个局面"的潜意识。这让身边的男孩面对她的时候，总有种挫败感。于是，几个男生联合想出一些方法集体排斥她。这样的排斥让这个女生内心很受伤，但外在却表现出越发强硬的姿态，于是，冲突升级了。

面对这样的情况，孩子们都把矛头指向了别人，谁都无法面对自己的问题。看着这些孩子，我认为应该让他们经历一些心理上的体验。

首先，我让所有孩子围成一个圆。让每人用一句话表达圆代表什么。

有人说，圆满。

有人说，完整。

有人说，在一起。

有人说，游戏的开始……

第五章 营地生活，是为孩子情绪疗伤的最佳时刻

接下来，我邀请了一位男生站在圈里，然后问他："你此刻感觉如何？"

男孩回答："被大家关注。"

然后我问其他孩子感觉如何，孩子们分别说，他是中心，被聚焦，被关注，他感觉很好。

再接下来，我邀请了那个发起孤立、引发冲突的男生，请他站在圈外，问他感觉如何？

"不好。"显然，他瞬间进入了一种沮丧的情绪。

我继续问道："什么感受让你觉得不好，能不能试着说得更具体？"

他情绪低落地说："孤单。"

我请他归队，接着问所有的孩子："当你看到有人离开团队的时候，你的心情如何？"

孩子们再次准确地表达了自己的感受：

"害怕"——怕自己也被团体抛弃和孤立；

"难过"——感觉有种想哭的冲动；

"紧张"——不敢说话，不敢表达自己；

"孤单"——没有朋友。

……

面对这样的冲突，老师不能忽视，但也不是要去证明谁对谁错。对于青春期的孩子来说，正是想要学习如何使用自己的内在力量，以及征服别人的能力。再加上各自的成长背景，自然会在交往中有一些冲突存在。但也恰恰是这个时候，可以帮助他们认识自己以及别人内心真实的情感。

团队意味着"大家在一起",意味着"完整",意味着"一个也不能少",意味着"接纳和理解对方"……

这样的总结,是通过他们自己的体验完成的,而这种体验不会被遗忘。有了这样的体验,孩子们便懂得人与人之间的不同与相同,他们会根据这样的差异和相似去创造交往的方式。

冲突背后所呈现的文化差异

一位营地活动的教练关于孩子们的冲突来向我咨询:

杰克和大山打架了,原因很简单,大山很喜欢杰克,想和他做朋友,但采用的方式却总是推推搡搡,而杰克很不喜欢这样的方式,并且不能理解大山行为背后的原因,在多次认为大山挑衅之后,杰克出手打了大山。

杰克来自于一所国际学校,是中美混血。在杰克身上有种稳重和成熟的气质。大山来自于一所传统学校,父母都是生意人。他们第一天见面,在自我介绍之后,大山就对杰克有种说不出的好感。

在接下来的活动中,大山会无意识找出各种理由接近杰克,并且用搂住对方的脖子、踢对方的书包、推搡对方的身体等方式来引起杰克的注意。但这样的方式让杰克很不习惯,同时他也不明白大山为何用这样的方式对待他。

但从大山的角度来看,在他以往的生活中,同学们都是这样表达情感的。当教练询问他为何如此,他的回答是:"我爸就会这样搂着我的脖子。"显然,在大山的心中,搂着脖子是一种爱的表达方式,但杰克不明白。

第五章 营地生活,是为孩子情绪疗伤的最佳时刻

这样的冲突难住了教练,杰克认为一忍再忍之后用打的方式回击大山没有错,但大山却认为自己没有恶意而感到委屈。

面对这样的冲突,我们需要让孩子们明白人与人之间的差异性以及学会一致性的自我表达。

杰克需要学习:

第一,在他的生活之外,还有很多种生活方式。那些生活方式虽然和自己不同,但并非都是恶意的。

第二,如果他感到不舒服,就需要把内心的感受用一致性表达方式告诉大山:"你如此对我,我不舒服,也不喜欢,如果你想成为我的朋友,就需要换一种方式。"

第三,在不了解对方的情况下"打回去",虽然可以保护自己,但却伤害了别人,所以需要道歉。

大山需要学习:

第一,在他的生活之外,还有很多种生活方式。那些生活方式和自己不同,因此需要用一种让对方感到舒适而尊重的方式彼此相处。

第二,学习用一致性表达的方式,告诉对方自己的内心感受与需求:"我们是否能做朋友? 因为我很喜欢你。"

第三,角色互换,让大山做杰克,然后体验一致性表达和推搡搂脖的两种不同方式,给自己带来的感受如何,让大山体验并学会一种更使人感到被尊重的交往方式。

作为教育者,面对孩子们的冲突需要运用自身的智慧。当自己的内在清晰明了,就拥有了引导孩子们成长的能力。我喜欢克里希那穆提所说的:"教育者即为了悟者!"

第六章

献给亲子营：唤醒父母内在的爱

一场藏式婚礼的意义
疗愈之后就是爱
送给孩子第二好的礼物

点亮孩子内在的光

一场藏式婚礼的意义

让爱继续

当菲菲妈妈和爱人双双跪于佛堂的时候,那个瞬间,整个房间,整个人群,包括那些七八岁的孩子都进入了一种深沉的寂静中。仿佛一个超然的能量造访了这个空间,一种深深的祝福在蔓延。

几秒钟? 几分钟? 我已经完全不记得,但那种寂静却深深地留在了记忆中。接下来,大家用藏语送上了祝福,所有人都被这一幕感动了,而12岁的菲菲也充满善意地一直跟在妈妈身边,做了妈妈的花童。

一场意想不到的藏式婚礼就这样开始,这样结束……

直到晚上,孩子们都睡了,几对夫妇聚集在长廊里的圆桌旁,这时才有幸听到了菲菲妈妈的故事,同时也明白了一场藏式婚礼对她意味着什么,那一刻那一种超然能量的造访也许就是一种真实的存在。

菲菲的爸爸妈妈很相爱,家庭富足,孩子可爱。但就那么一天,一切都改变了。菲菲的爸爸因为意外离开了她们,为了能够远离痛苦,她们远离了原来的城市、原来的家。

第六章 献给亲子营：唤醒父母内在的爱

几年以后，菲菲妈妈为好友举办结婚纪念日庆典的时候，那一天也刚好是她自己曾经的结婚纪念日。在痛哭之后，菲菲妈妈去了丈夫的墓地，她告诉丈夫，如果他真的爱自己，就保佑自己遇见一个好男人，一个对孩子好的男人。

说到这里的时候，菲菲妈妈停顿了很久，而在场的我们也沉默了很久。

接下来，一切就自然而然地发生了。3个月后，那个好男人出现了。

在营地生活期间，菲菲妈妈的男友突然探营，刚好碰上第二日藏式婚礼的活动，他们自然成了活动的主角。

站在佛堂的那个瞬间，菲菲妈妈认为自己收到了一份来自前夫灵魂的祝福，那是她与过去伤痛的告别。

在场的许多人哭了，为了那份来自另一个时空的爱。曾有电影将这样的故事搬上了银幕感动了众人，而我们却在一个现实的活动中体验着如此真实的感动。

人们歌颂爱，崇尚爱，而爱就在我们心里，就在我们身边。

大部分的营地活动组织者将营地教育和旅游、游学混为一谈，但在我看来，一个有生命力的营地教育要和所有的教育形式一样，不能脱离了教育的本质。当教育者懂得用心灵去设计一个活动的时候，活动本身就不再是机械运动，而是充满了生命力和人性之美。在这样的活动中，孩子们以及他们的父母内心的爱会被唤醒。否则，一个机械运动般的活动，自然也是在培养孩子们的机械性，而这恰恰违背了教育以及生命的本质。

来自孩子们的见证

在青海湖的后山牧场里,有一眼望不到边的草原和牛羊。孩子们安静地坐在草地上,他们在等待着来自于每一对父母们的真情告白。

藏式婚礼的活动设计,完全源于当地的人文和民俗。藏族人的婚礼很有意思,新娘要半夜出发,在黎明时分、阴阳和合的时候新娘要进入夫家。为了避免新娘半夜出门受到邪力的干扰,新娘的胸前背后都会藏着一面小镜子。

进入夫家之后,没有证婚人,没有拜父母,只是在厨房转三圈(为了五谷丰登),然后进入佛堂,三拜佛祖,仪式就结束了。而这个简单又神秘的婚礼给太多的人留下了向往,我们将这个内容设计进了我们的亲子夏令营活动中,为那些曾经没有举办过婚礼的父母完成一个心愿。

起初,这个活动并不好开展,对于城市里的人来说,要将心打开,把自己呈现在众人面前,不是件容易的事,尤其是男人。但随着活动的口碑越来越好,一些父母就开始好奇和向往了。有的时候,好几对夫妇都想尝试一下,但我们只能选出一对夫妇,怎么办呢?那就真情告白吧!评委正是我们的小营员,谁的表白能够打动我们的孩子,明星夫妇就是谁了。

孩子们自发组织围圈坐好,然后静静地聆听每一对父母讲述自己需要这样一场藏式婚礼的理由:

第六章 献给亲子营：
唤醒父母内在的爱

"我们结婚的时候父母不同意，那个时候想，只要我们能在一起就已经很好了。但婚后一直会为此事难过，感到遗憾。直到有了第一个孩子……"

因生活的琐碎而早已被冲淡或遗忘的故事，随着真实的表白，重新浮出了水面，这让孩子们重新认识了自己的父母。每一次的表白，都会赢得孩子们的掌声。孩子们并不因为自己父母的故事而忽略了其他感人的故事，他们会充满热情地提出建议，如果同时有几个故事打动了他们的心，他们会建议进行最后的 PK 赛，又或者他们会说服老师为两对父母同时举办婚礼。

在那些时候，老师们总会感慨孩子们的爱心和智慧，他们给了我们许多力量。

疗愈之后就是爱

流着泪水在徒步

就在我享受着独自一人徒步的安宁时,身后的小虎妈妈快速地追上我,泪流满面地说:"王树老师,我想和你聊聊。"我吃了一惊,就在刚才的徒步小结后,大家还在一起欢乐地拍照,就这一会儿的工夫,不知发生了什么。

小虎妈妈痛苦地告诉我,活动结束后,她问先生回营地的路怎么走,连问两次都没有得到回应,第三次再问,先生烦躁地说:"你怎么这么笨,跟着大家走不就行了?"

那一刻,小虎妈妈所有的情绪都被点燃了。

为了能邀请到爸爸一起陪孩子参加这个亲子夏令营,小虎妈妈提前半年就开始准备。那真是想尽一切办法,讨好、威胁、引诱……只觉得有爸爸一起参加才会安心。

开营那天,爸爸还是因为工作不能及时到场,直到第二天晚上才赶往营地。前往营地的路途并不容易,到达营地时已是深夜,爸爸自然很不开心。

第二天上午的父母课堂,也许是压抑下来的情绪过多,小虎妈

第六章 献给亲子营：
唤醒父母内在的爱

妈在课刚一开始就落泪了。看着小虎妈妈，小虎爸爸烦躁而愤怒，认为她莫名其妙。

这样的状况并不只是小虎家的问题，而是很多家庭中的问题。女人总想将自己的情绪释放出来，并且有一个很好的倾听者。而男人既做不到倾听，也不愿意面对。于是，在这样的自然放松的假期生活中，矛盾就产生。

感受着身边这位妈妈的痛苦，我轻声问道："为何如此难过？"

她委屈得像个孩子，边哭边说："在我丈夫眼中，我总是很笨、很蠢。"

我深深地呼吸，以此引导她也放松呼吸，让内心的觉知升起，而不是完全陷入自己的情绪中。

"除了你的丈夫，在你的记忆中，谁还这样说过你？"

这个问题像是催化剂，小虎妈妈更加难过。

"我父亲！在他心中，我就是那个最笨、最蠢的孩子。"

在这个回答中，她充满了委屈和无助。我似乎看到了一个小小的小虎妈妈，心理退行正在发生。

我轻轻地握住她的手，与她对视，然后说："那时候你几岁？"

小虎妈妈带着一丝疑惑地看着我，然后说："七八岁吧！"

我继续问："能够创造家庭、创造生命的你，今年多大？"

"38岁。"

"那么你猜想一下，此刻那个七八岁的你站在这里，这个38岁的你会如何对待她呢？ 是和你父亲一样指责她，还是你愿意拥抱她，像是对待你的女儿一般将这个小小的小虎妈妈养大？"

一声长长的呼吸从小虎妈妈的口中吐出，那是从腹部生发出的能量。随着这个长长的呼吸，小虎妈妈紧握了一下我的手，然后说："老师，我明白了，我知道该怎么做了。"

我们彼此心领神会地深深对视，然后，她减慢了速度，等待着走在后边的丈夫，而我继续前行。

禁语之后有收获

这样的事情，在亲子营中很常见。一位企业家带着老婆孩子一起来参加亲子营。在禁语徒步中，丈夫一路走在了前边，妻子独自跟在后边。妻子由于跟不上丈夫的速度，被远远地落在了后边。

徒步结束后，妻子将丈夫拉到一旁，质问丈夫为何不与她同行，但丈夫并不能理解妻子的质问，觉得妻子无事生非。如果了解他们的日常生活，你就不难明白妻子为什么会有这样的情绪和需要。

作为企业家，与家人总是聚少离多，高效成了生活的主旋律。而作为全职主妇的妻子，潜意识中已经感到跟不上丈夫的脚步了，当现实再把这样的潜意识感受呈现出来的时候，被压抑的情绪就容易爆发了。

这样的情绪爆发不是坏事，通过这样的放松生活，借助于自然和团队的力量，更容易让彼此消除隔阂，重新联结。

妻子借助于一望无际草原的力量,如实地将自己内心的压抑告诉了丈夫,并表达了自己内心的担忧与委屈,而丈夫在听完后,才明白妻子的需求。于是,在接下来的日子,我们与丈夫一起为妻子准备了一个惊喜。

丈夫偷学了一首藏族情歌,并且准备了一场充满激情的篝火晚会。那晚,当丈夫为妻子献上歌曲,以此表达对妻子这些年的欣赏与感谢的时候,全场的父母与孩子都为之欢呼。

活动结束后,这位妻子告诉我,这是她一生中收到的最珍贵的礼物。

唤醒美好

同样,在结营仪式中,一直沉默不语的小虎爸爸举手发言了。他坦言自己是被妻子强迫而来的,所以带着深藏的不满情绪。但经历了7天的营地生活后,他最大的收获就是体验到一种内在的美好被唤醒了。他说:"所有的活动,一切的安排,不在于形式,不在于内容。在这7天中,最真切的感受就是美好,而这种由心而发的美好让我感到珍贵……"

那日,与小虎妈妈的对话结束后,小虎妈妈明白了自己的期待是什么,同时也更加清楚获得爱的最佳方式是先爱上自己。于是,她开始调整自己的状态。首先,她感谢丈夫在百忙中来参与自己喜欢的活动。其次,她给丈夫分享了我与她的对话,并且表示放下一些对丈夫的期待。再次,她选择走出受害者的角色,和孩子与丈夫全然享受每一个活动。

丈夫是位细心明理之人,很快就感受到妻子的改变,于是,也开始逐渐放松下来,与妻儿共享美好时光。

营地教育不仅针对孩子的社会化发展而提供帮助,同时也会承担起相对复杂和多功能的责任。它不仅能弥补孩子们的自然缺失,同时也可能让一个家庭通过与自然的联结而走向更亲密的状态。

第六章 献给亲子营：
唤醒父母内在的爱

送给孩子第二好的礼物

相比送给孩子一生中最好的礼物——和谐的婚姻关系来说，和平友善的分手是送给孩子第二好的礼物。在这个离婚率飙升的时代，离婚一方面给婚姻带来了"自由"，但另一方面也会给孩子带来成长中的创伤。于是，和平友善的分手会让孩子更多地理解父母，同时减少孩子因此而受到的创伤。

靛蓝纪的亲子营中，每年都会有一些特殊的家庭组合：

父母在决定离婚前，共同陪着孩子一起参加一期亲子营，以此作为美好的回忆；

已经离婚的父母，经由双方商议，一起陪孩子参加一期亲子营，共度美好时光。

如此安排，就是想让孩子们知道，虽然父母现在有诸多不和之处，要开始分开生活，但对孩子来说，父母的爱和责任不因离婚而改变。

从这个角度看，人的意识在提升，年轻的父母对待婚姻的观念发生了变化，他们越来越明白：那个动辄老死不相往来式的离婚或者吵闹冷漠过一生的方式，对孩子的伤害更大。于是，在彼此都深思熟虑后，选择了更具建设性的方式。

莱莱的爸妈因个人原因离婚了，虽然莱莱与妈妈一起生活，但爸爸对莱莱的照顾和责任从未改变。每周和莱莱相聚一次，每逢假期，都会和莱莱有个约定。那一年的暑假，父母和孩子商量好，一起参加了靛蓝纪的亲子营。

在开营之前，莱莱的妈妈就将他们家庭的事情告诉了老师，希望老师在安排住宿的时候稍加注意。这样一致性的表达，让老师们很敬佩。活动期间，父母和谐相处，各自完成自己要做的工作，孩子也非常安心地享受着假期。期间，在一个活动的分享环节中，莱莱的妈妈给大家分享了他们的故事，表达了对莱莱爸爸的一些歉意，而莱莱爸爸也表达了对莱莱妈妈的感谢。在场的父母都沉默了，但孩子们却给了他们热烈的掌声。我问孩子们："为何鼓掌？"

"因为他们诚实。"

"因为他们并没有伤害对方。"

"他们有错就面对，向对方道歉。"

……

孩子们总是美好的，虽然他们并不能理解父母内心的各种变化，而这种美好总会唤醒父母更多的爱。

周周已经快 12 岁了，和那些小他两三岁的孩子在一起，他显得格外成熟和冷漠。每次活动结束休息的时候，总能看到他独自低着头，一副无聊又痛苦的样子。爸爸在一旁冷漠地看着手机，妈妈不知所措地坐在另一旁。这样的家庭氛围和整个亲子营显得格格不入。两天后，妈妈找我寻求帮助：他们夫妇分居很久，决定离婚，但彼此之间还有亲情，为了不伤害孩子，决定利用这样一个亲子营

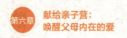
第六章 献给亲子营：
唤醒父母内在的爱

的相处时光，将这件事情告诉孩子，只是无法开口。

那一刻，我看到了妈妈不知所措背后的爱和爸爸冷漠背后的善意。于是我告诉妈妈，珍惜在一起的此时此刻，保持这份亲情，先享受在一起的时光，之后一致而友善地告诉孩子：你们有一个决定，那只是一个选择，并尽最大可能地做到不伤害每个人。

之后的几天，爸爸放下了手机，认真地陪伴着孩子，而孩子也享受着父母的陪伴。禁语徒步那天，他们一家三口手拉手静静地走在我的前边，12岁的周周一下变得像个小男孩，充分地吸收着和父母在一起的温暖。

活动结束后，我们再没有联系，也并不知道周周的父母是否选择了离婚，但无论如何，那5天，他们的相处很美好，和所有其他的家庭一样，相亲相爱。

婚姻最大的意义，是让一个孩子了解完整是一个由内而外的过程，某种形式的完整并不代表真正的完整。当孩子们明白，父母和自己既是独立的个体，又是一个生生不息的整体时，这个看似被打破的完整并未被打破，因为爱和传承一直存在。

对于一个亲子营来说，除了一些精彩的亲子活动之外，它还肩负着一些责任：

让父母懂得相爱的重要性；

让孩子们理解自己与父母和家的关系，明白包容、爱、理解、支持、传承到底是什么。

每年的亲子营，负责带队的艺术老师总会选择一些合唱曲，用不同的形式呈现给大家。其中由一群十六七岁的花季少女演唱的

《最浪漫的事》，让许多人至今难忘。

　　10 对父母各自带着家中两个孩子来到了我们的亲子营，这个团体很有意思，基本上每个家庭的头一个孩子都是女孩，均为十六七岁，小一点的孩子都是男孩，大约七八岁。这样的家庭，显然中心会围绕在弟弟身上。活动中，女孩们感到放松和被信任后，就倾诉了自己被忽视的感觉。

　　于是，我们将活动做了一些调整，让女孩们能够用自己的方式让父母看到她们的美好和内在的需求。在一个本来是亲子活动的环节中，10 位少女穿上了美丽的藏式服装，突然快闪般地出现在所有人的面前，用一首无伴奏合唱为父母献上《最浪漫的事》。

　　歌声响起，在民族服饰的装扮下女孩们面带羞涩、亭亭玉立、含苞待放。父母们惊呆了，那些平日中不愿顺从又充满自我的女生，在那一刻让父母重新认识到她们内心的柔软和对家以及对父母的期待与祝福。

　　中国传统文化称家的智慧为家道，最好的家道是彼此相爱、和谐相处。也就是相互理解、相互支持。即使因某种原因父母必须分离，但那家道传承却从未因此而改变过，尊重传承，尊重家族的力量，这就是一个人内在阴与阳的统一。

第七章

营地教育需要精神生活

营地生活的精神滋养
一篇短小的欢迎词
用心说话就是爱（结营信）

点亮孩子内在的光

营地生活的精神滋养

在我看来,营地教育除了要创造出一些充满体验感的活动之外,更重要的是要借助于营地生活为孩子们提供人文精神的滋养。

拥有敬畏之心

营地生活离不开自然。在自然中孩子们要学习攀岩、登山、皮划艇、徒步、滑翔伞、户外生存……面对这些项目,孩子们向往,父母们担忧。如何将面对自然的恐惧感转化为敬畏之心,我也有一些想法和灵感。毕竟,我们要臣服于自然,让自然赋予我们力量。

在每一天早晨孩子们出发之前,我会邀请所有的孩子和老师围成一圈,手拉手。然后,我先让自己安静下来,并与自己的心联结,然后在这样的安静中去联结孩子们、联结自然。我带着所有的人一起做出行前的祈祷。

在我安静之后,我会带着孩子们说:"感谢自然赋予人类的美好,感谢自然养育着人类。今天,我们要到自然中探索、发现,学会勇敢与生存,请自然赋予我们力量,赋予我们坚韧的品质,我们臣服自然,敬畏自然,让我们带着爱出发,并安全返回。"之后,孩子们很快就会感受到安宁的力量,然后带着安宁和喜悦集体出发了。

第七章 营地教育需要精神生活

这样的祈祷与宗教无关,它就是一种对自然、山川、河流、天空、大地母亲的敬畏之心,当孩子们从小有了这份对自然的臣服与敬畏之后,他们就很容易明白在自然中什么可以做,什么不可以做;什么是探索,什么是冒险。自此,每一日的祈祷成为当天活动必不可少的开始。

拥有静谧之心

同样,若是一天的活动都在营地之中,那么从静心训练开始,也是个不错的选择。

静谧,通常在三种人身上比较容易看见。一是有修为的修行人,二是婴儿,三是那些受过特别训练的专业人士,例如赛前的运动员、在手术前的医生、正在搞科研的科学家们……在这些专业人士的特别训练中,由于高度的专注,甚至是忘我的投入,一种极为安宁的静谧在那个瞬间会发生。在这种静谧中内在真正的智慧会出现。

多年来,欧美国家已经开始将训练内在静谧的冥想、静坐、正念等静心的方式运用到学校和职场中,例如世界500强企业员工开设冥想课程,英美等国家的中小学生在开课的头5分钟会进行静坐。而在蒙台梭利教学活动中,每个人的团体活动就是从静坐开始。老师们会带着孩子们盘腿而坐,然后轻声说:"现在,让我们的身体安静下来,让我们的腿安静下来,让我们的脚安静下来,让我们的脚趾安静下来,让我们的手臂安静下来,让我们的手指安静下来……"

而在我们的营地生活中，我不仅会带着孩子们做这样的练习，我还会用更多的安静游戏让孩子们明白：我们这个身体，除了需要各种运动之外，同样需要静下心来听鸟叫，需要数息、观想等让内心补充养分的活动。这些活动可以帮助我们逐渐进入一种专注中，也可以让我们的身心享受此时此刻。

一旦孩子们经过这样的训练获得一些体验，并形成一种习惯后，就知道在什么时候运用这样的能力。记得曾经给一位高三的学生做咨询，他有非常严重的考前焦虑症，从而使他不能正常发挥。我尝试训练他学会静心。我告诉他，试着让自己安静下来，然后数自己的呼吸次数，他竟然告诉我，不知道自己的呼吸在哪里，又或者说感觉不到自己的呼吸。最后他说，呼吸在鼻孔处。

呼吸经由鼻孔进入，贯穿了整个身体。在长时间高效用脑后，身体的感觉会变得迟钝，这也会造成他的焦虑。经过一段时间的训练，他开始将静心时的体验带入到考试中，帮自己缓解焦虑。因此，在我看来，孩子们在学校的学习压力会随着年龄增长而越来越大，通过营地生活，为孩子做这样的静心训练，实在是有百利而无一害的事。

拥有友善之心

人与人之间的相处友善极为重要。心为柔软之物，人与人的相处即为心与心的相处，善待他人自然是一种美德。

第七章 营地教育需要精神生活

在一个团体中,如何与他人友善相处,如何在友善相处中获取养分,如何帮助孩子们更快更好地适应营地生活,这是营地教育不可缺少的一个教育环节。

子阳进入营地的时候,其他孩子们已经在营地生活了几天,作为"插班生",子阳在做自我介绍的时候显然很紧张。一旁已经足够放松的几个男孩不顾子阳的感受,不断打趣子阳,让子阳更加紧张。

我走上前,制止了那几个男生,然后站在子阳背后,扶着他的肩膀,请他再大声一些介绍完自己的基本情况。然后我问那几个男生:"如果你是子阳,当你在紧张的时候,别人不断打趣你,你的感觉会如何?"

孩子们马上说:"不好。"

"那我想问,谁喜欢不好的感受?"我接着问道。

孩子们立刻答道:"我不喜欢。"也有的男孩子嬉笑着说:"我喜欢。"

"如果你不喜欢,为何要如此对待他人?"

孩子们不说话了,又是一番尴尬自嘲的嬉笑。

我很清楚,孩子们的内在有两种能量在拉扯着他们,一种是对我所说的内容很明白,另一种是以往的习惯和模式难以改变。道理都明白,就是做不到。平日中,与同学的相处模式就是彼此打斗,相互攻击,以此宣泄内在的压力和无聊感。

于是,在靛蓝纪的营地教育中,有一条规则就是:如何友善地对待他人?

第一步：邀请孩子们讨论和分享，什么是友善地与人相处？

第二步：老师需要示范，如何友善地打招呼，友善地拒绝别人，友善地提出建议。

第三步：将这些友善的方式画出来，或者可以写成小段的日记。

第四步：老师的反复提醒（这是至关重要的部分）。

第五步：在当天的活动总结中，对那些友善待人的行为表达赞赏和感谢。

如此，在三五天后，营地生活中的交往就开始进入有序和有爱的模式中了。对于那些内心有创伤的孩子，这部分内容不容易做到，因为成长中的创伤，孩子们过早地关闭了心门，用强大的防御和对抗来保护自己，从而，对他人不容易有信任感，这就需要老师更富有爱心与耐心。如果一个团体中有太多这样的孩子，那么对整个团体的融合和对老师的挑战就非常大了。

12岁的昊天，从进入营地的第一天起，就用各种方式逃避团体活动，用语言挑衅和攻击其他男生，对老师的友善和要求置之不理。3天后，我找他独自谈话。当我问到他的父亲时，他用3个词告诉了我：不负责任、夜不归宿、鬼混。

我大吃一惊。

我问他是否需要父亲，他立刻满脸稚气地点点头。

……

一段敞开心扉的谈话后，我想他会有所改变。但接下来的两天，他依然如之前一样，挑衅而不友善。他在用行为告诉我：我之

所以这样，都是我爸的错！那一刻，我从他的身上看到了他父母的关系模式。

这样的孩子，通常需要一个老师能够花很多时间和他一对一相处，让他重新建构和成人的关系，并且邀请他的家人一起参与部分活动，让家人去发现他内心的柔软和美好，这样他的内在就容易发生改变。

超越以自我为中心的自己，看见他人与环境

营地教育的目标之一就是团队协作精神，这需要引导所有的孩子既要保持自己的观点，同时还要超越自己的一些欲望和执着，与团队融合。

花道课程一直深受孩子们的喜爱，不管年龄大小，不论男生女生，只要课程开始，大家都会投入其中，感受花朵的滋养。但在一天的花道课程中，琇琇和陈菲先是沮丧，后是对抗，最后是愤怒。

我问这两个年龄相仿的女生："发生了什么，让你们如此愤怒？"

琇琇早已迷失在了自己的愤怒中，不断地抱怨着："凭什么冬天就一定是下雪，广州就不下雪。凭什么就一定要按老师的做法去完成作品？"

陈菲告诉我，那天的花道课是集体创作，要完成春夏秋冬、山川河流八个元素的创作。她们很不喜欢，觉得还是之前独立完成作品的感觉更好。

我表示理解，独立创作既能够彰显自己的创造性，又容易获得成就感。但如果老师用 4 天的时间让你们独立创作，那么第五天就需要超越自己去完成集体创作了。

陈菲显然接受我的观点，点头说是。只是她认为仍有一个问题没有解决：到底怎样才算集体创作？

我顺势谈道："所谓集体创作，首先要达成一个共同的目标，然后一起参与，一同实现目标。"

陈菲也紧追不舍地问道："可是这个共同的目标都是老师设定好的，那还有什么意思？"

我笑了，问道："你的想法是？"

陈菲认真而清楚地说道："我赞同集体创作，但这个共同目标不该是由老师一人指定，然后要求我们都按照这个目标创作。既然是集体创作，那就该是我们每个人把自己的创作想法表达出来，然后再找到共同的部分，达成共同的目标，之后集体完成。"

看着眼前这个不到 12 岁的女生，我敬佩她的条理清晰，我知道，可以与她继续再深入讨论。

"陈菲，你说得非常清楚，老师欣赏你对团队目标的认识。只是老师想问，现在你们这个团体是一个怎样的团队呢？ 最小的几岁？ 最大的几岁？ 他们各自对团队协助的认识一样吗？"

陈菲迅速进入思考状态，然后理性地说："不一样，因为最小的孩子才 6 岁多，而我是最大的。"

我点点头继续问："如果你是老师，在这样的情况下是选择自己制定团队目标，还是让每个孩子说出自己的想法，然后再去统一

第七章 营地教育需要精神生活

那个目标？"

"自己制定。"

"为什么？"

"因为小孩子太多，如果他们说不清楚，又或者讨论时间太长，就无法完成创作了。"

"你觉得用你之前谈到的方法，各自表达，然后达成共同目标，这容易做到吗？"

陈菲想了想说："不容易。老师，我明白了。"

看着陈菲，我告诉她，我特别欣赏她的想法，也认为教学应该这样完成，只是这样的方式需要老师和同学之间有更长时间的相处，然后达到很好的默契和配合，才能更好地完成。

陈菲和一旁的琇琇理解了这场教学的差异性。然后，我建议陈菲将自己对于这场教学的认识和这场谈话写入当天营地生活的收获部分。之后，我将陈菲的想法分享给了花道老师，花道老师听完后非常吃惊，默默点头，表示认同。

在今天这个以自我为中心的成长环境中，孩子们都在经历着自我的成长和蜕变，但依然有太多的孩子以自我为中心，难以看到他人与环境。但这并不是孩子们内在真实的需求，只是成人不曾发现、不曾引导。

自我意识很重要，没有它，你就犹如一部被人摆弄的机器，但若太自我又会陷入自我中心的漩涡中，难以看到世界与他人的美丽。教育便是提供孩子建构自我的环境，同时引导孩子走出自我中心的漩涡，带着对自己的认识去认识这个世界和他人。这就正如我给陈菲的留言：当你已经可以清晰地认识你自己，那么未来，你就拥有了认识别人的内在智慧了。陈菲问我这是什么意思？ 我笑着问她："你能不能客观地告诉琇琇她是个怎样的人？"

接下来，陈菲认真地和琇琇谈论着什么，而琇琇既惊讶又臣服地听着，思索着，点着头……这便是朋友的力量。

"寻找"天使

许多年前，尼古拉斯·凯奇主演过一部电影《天使之城》，这部电影给许多人留下了美好的记忆。 天使时常光顾海边和图书馆，于是，我为营地的孩子和老师们设计了一个游戏："寻找天使"。

第一步：选择一些关于讲述天使的图书或者电影，让孩子明白：

1. 天使代表每个人内心的美好。
2. 花朵和天使是对每个新生命的比喻。
3. 当展现内心美德的时候，自己就是天使。

第二步：让每个孩子用 3 个形容词描述天使的模样，指出天使可能光临的地方。

第三步：根据营地的具体环境，带着孩子前往海边、湖边、山上、图书馆……

第四步：根据孩子们所说的描述完成两部分工作：

1. 观察身边的人，谁有天使的特质。

2. 让自己拥有某一种天使特质，例如：安静、助人……

第五步：让孩子们记住这个过程，之后进行分享总结。

通常这样的活动很能够唤醒每个人内心的柔软，从而让孩子内在的美德得以绽放。同时，可以根据不同年龄阶段的孩子设计不同主题的相类似的活动，例如：寻找智者，寻找圣贤……让孩子们明白，在这个世界中，有许多值得用心珍藏的东西，借此去发现自己内心的美德，并展现它。

一篇短小的欢迎词

亲爱的小营员们：

欢迎来到"小小探险家"夏令营！

你准备好了吗？ 我们将一同开始一段探险之旅。

探险时有一点点紧张又很兴奋，有一点点害怕又很好奇，有一点点激烈又很释放，有一点点辛苦又很开心。

探险是去到我们不曾去过的地方，就像我们第一次离开妈妈的怀抱独立行走，第一次离开温暖的家独自去上幼儿园，第一次离开幼儿园熟悉的小伙伴，坐在学校教室的课堂里。

探险是尝试我们不曾尝试的事情，就像鼓起勇气吃一口绿绿的看起来难以接受的菜，就像自己一人镇定地过马路，就像抓住一道没有头绪的数学题然后一点一点把它解开。

探险是亲自去揭开某种东西的神秘面具，就像主动开口和我们感兴趣的陌生小朋友说"嗨"，就像鸡妈妈亲自孵一只鸡宝宝，看着绒绒的小鸡破壳而出，就像亲自来到"小小探险家"夏令营，来到这里就是为了品尝探险的滋味，不论它是硬硬的、刺刺的、麻麻的，还是软软的、甜甜的、滑滑的。

来吧，我们欢迎你一同来创造属于我们的探险之旅，希望这9天的营地生活，让所有人一生难忘。

第七章 营地教育需要精神生活

在靛蓝纪营地教育中，孩子们在入营之前就会收到一份营地手册。打开手册的第一页就会有一篇如上的欢迎词。这是一篇来自于"小小探险家"的欢迎词，进入营地生活的孩子年龄从7～12岁不等。对于那些9岁以下的孩子，他们大多第一次离开父母独立生活。毫无疑问，这是一次艰难的挑战，不是在生理上，而是在心理上。

6～9岁年龄段的孩子，心理以及认知正在经历着一个重要的发展。首先，从6岁开始，孩子对社交的需要从小范围开始扩大。他们内在一部分需要踏进更广阔的世界，另一部分却因为恐惧会以一种心理退行的方式更加依恋父母。这样的冲突往往会让孩子的行为表现异常，而父母也无从下手施以援助。

面对这样的问题，首先，父母需要为孩子创造机会，鼓励孩子参加独立生活的活动。其次，这个年龄阶段的孩子开始发展他们的兴趣爱好，在孩子们开始逐渐清楚自己喜好的时候，引导孩子将户外运动逐渐纳入他们的兴趣中。最后，孩子们在渴望独立和犹豫退缩之间，收到一篇充满爱意的欢迎词往往会让他们增加勇气和信任。

青春期的孩子也是一样，他们一方面因为畏惧而忍耐权威陈词滥调的说教，另一方面于内在却升腾着无法驾驭的对抗。于是，父母与教育者必须懂得改变自己的身份和角色，从权威的宝座上走下来，打开自己的心，成为孩子们的良师益友。

亲爱的营员们：

青春是小说里逶迤的梦想，还是没日没夜压力山大的现实课业？

青春是爸妈要盯紧的早恋，还是蠢蠢欲动的荷尔蒙发酵？

青春是老师絮絮叨叨的说教，还是和密友怯怯的碎碎念？

……

哈哈！青春！我不知道你啥时候来了，但你真的在我的身体里萌动，激发我对自己的好奇，对周遭的认识，对未来的探索！

如果这条路上，没有评判，没有偏见，没有标签。有一群曾经跟你们一样走过青春，今天依然对生命充满爱的理解、关怀、友好、亲切的人，邀请你：嗨！亲爱的伙伴，让我们共度9个日夜，致青春一份意义非凡的礼物！

当我们开始转变角色的时候，孩子们能够感受到来自成人的尊重，他们也开始决定敞开心扉。

在一次青春期营地活动中，那些大男孩们在徒步中想脱离老师选择一条新路线。由于活动地点在清迈，我们不太熟悉当地的情况，所以被我严肃地拒绝了。其中最大的男孩充满愤怒地抱怨着。

显然在那一刻，因为他回到了曾经类似的事件和感受中，一些压抑下来的情绪被再次激发了，抱怨的话语越发难听，并影响着其他同学。我没有说教，只是叫停。大家默默地回到了营地。

晚上的分享活动中，我抛出了讨论的话题：民主和自由意味着什么？

孩子们愣住了，但很快就有人发言。

"每个人都需要民主和自由，这是做人的权利。"

第七章 营地教育需要精神生活

另一个孩子说:"如果拥有了这样的权利,那就有相对应的责任了。"

接下来又有人说:"同时还要有规则,否则就乱套了。"

……

于是我问:"如果我们不提任何要求,不制定任何规则,然后将民主和自由留给我们的社会,那会怎样?"

"社会会乱。"有人回答。

"如果人的素质很差,他们无法自我管理、自我约束,那么就会出现斗争。"

"那如何让大家在民主和自由的氛围中得到尊重呢?"我再次提出问题。

片刻的寂静之后,有人说:"那就需要规则,并且大家都要遵守规则。"

这时候,凌老师请所有的同学拿出营地手册,并朗读了规则。之后,我们全体人员达成一致,共同遵守规则,管理好自己,以此获得最大化的民主和自由。

那天之后,这群青春期的姑娘和小伙子们开始进入了自律有序的生活中。他们开始体验一种生活方式:自由选择意味着自我负责!

亲爱的营员们:

欢迎来到美丽的青海!

从今天开始,靛蓝纪青海湖夏令营在此展开。这不是一次旅游,或者说,这不仅仅是一次旅游。

这是一个教育意义超越旅游意义的活动。

这样的夏令营，始于我们的一个愿景：让来到这里的家庭，在全然不同的环境中，放下城市中对生存和竞争的焦虑，放下手机、电脑和电视，远离微信、微博各种信息的催眠……大家一起来营造一种全新而美好的生活——家庭的每个成员，都能在心里看到其他人的存在，开放自己的身心，感受对方的感受，传递爱也接纳爱，形成能量流动的联结，在这样的联结氛围中，人与关系都在发生美妙的变化。全身心投入这充满体验感的7天，而后，尝试把这样的体验，带回日常生活中。

我们的带队老师都是具有丰富经验的资深儿童教育工作者，她们不是引领者，也不是服务者，她们是家庭的协助者与环境的营造者。

我们想提前告知家长，孩子在几天的放松后，可能会出现莫名其妙的哭闹等释放情绪的行为，这是一种疗愈，不需要为此焦虑，也不需要斥责孩子。倾听他，与他同在。

我们还想说，或许你自己也会在心理和情绪上，经历一些微妙的波动，允许它们存在，和家人分享自己的感受与收获吧。

我们也特别敬告各位爸爸，能来的爸爸，都该为自己喝彩！2009年，当我们刚开始在青海湖边开展这样的夏令营活动的时候，出发点就是希望父亲能更多地参与到孩子的教育中来，跟风靡一时的《爸爸去哪儿》殊途同归。不管你是因何原因来到这里（好奇？ 心甘情愿？ 懵懂被安排？ 被老婆孩子逼的？），那么既来之，则安之。7天不长，放下些俗务，放宽些焦虑，真正开放自己的场域，来容纳整个家庭，真正体验与孩子在一起，与孩子深层联结。也许，你会感受到一些美妙的改变。7天，尝试，何乐而不为？

最后，愿这7天的生活，让所有人一生难忘！

对于亲子营，我们同样用一篇欢迎词开始了与每个家庭的联结。毕竟对于千百万个家庭来说，一年一次7天家庭活动是一次相当珍贵的聚会，我们必须提早为这些家庭做好这样的欢迎准备。当妈妈将这篇小小的文章读给家庭成员听的时候，就是将靛蓝纪所倡导的一种人文精神传达给了每个人。如此，就为这个即将要开始的家庭活动赋予了一种美好的意义，活动便是从收到欢迎词时就开始了，而非只是那短短的7天。

用心说话就是爱（结营信）

多年的教育体悟让我越来越觉得，与孩子相处与沟通，最为重要的就是用心说话。当那些话从心灵中流出的时候，再叛逆的孩子都不会抗拒。也许他们会因为创伤而缺乏信任，但只要你能够坚持用心说话，最终那些话会流入孩子们的心。

鸿烨在木工课上自己组装的小尤克里里在完成的当天就被不慎摔坏了，这让他相当沮丧。于是，他决定放弃修复而重组一把。好心的木工老师不仅允许他重新组装一把，同时也帮他修好了那把摔坏的尤克里里。于是，鸿烨决定两把都要。可是这让所有的同学不理解，他为何可以拥有两把。于是矛盾产生了。

我问鸿烨："你为何需要两把呢？"

鸿烨不语。

我又问："我猜是想送妹妹一把？"

鸿烨立刻用眼神告诉我，怎么可能？

我接着问："两把都想拥有？"

鸿烨点点头。

我能理解鸿烨的心情，对他而言，新旧作品都有特殊的意义。但我也知道，这对其他同学来说，并不容易理解，同时会产生不公平的情绪。于是我如实地告诉他："我能理解你对两把琴不同的情

第七章 营地教育需要精神生活

感,但所有的同学每人只有一把,所以,老师有个想法,希望你把那把受过伤的尤克里里留在营地,作为纪念品留下来,让我和所有的老师都能够记住你这个从俄罗斯边境来到广州的男生。"

鸿烨愣了一下,略带惊讶地看着我,然后想了想说:"可以,那就留新的这把。"从他的眼神和语气中,我联结到了一份善意,我告诉他:"我想留下那把旧的,因为那上边有你的签名,我觉得很有感觉。"鸿烨却略带沮丧地说:"可我不喜欢这签名,写得不好。"

"我不这么觉得,我觉得很好,我很喜欢。"我并没有讨好孩子,也没有善意的谎言,我只是真实表达。

结营仪式之后,鸿烨拿着那把被修复的尤克里里来找我,并开心地说:"老师,我决定将它留下来作为纪念。"然后他主动拥抱了我。

那一刻我知道,当我用心真实表达,我不仅收到了一份礼物,同时也收到了爱。

我用这样的沟通原则要求老师并建议家长,每当他们不知道如何做的时候,我就会说:"用心说话,因为心中有爱。"于是,在邓云老师的营地工作记录中,她这样写道:

在营期的最后一天,通常都需要进行结营仪式,与开营仪式一样,这样具有仪式感的活动让整个营期完整,并且发挥着独特的功能。

那么,在结营仪式中该做些什么?说些什么呢?

作为营地的新手老师,我想,与其说这是一项工作,不如说这是在营员们即将分别时写给孩子们的一封信。而"信"的内容只有由心而出，才能打动营期所有的参与者，才能将营地教育中"教育"的部分在最后总结的时刻再进行呈现和升华。

王树老师说："用心说话之所以重要，是因为孩子在用心和世界说话，如果你不能打开心门，接纳和支持的关系就无法产生。"

的确，用心说话其实在高强度的营地工作中是最有效的方式。每日24小时工作超长待机，头脑与身体的疲惫之后，只能靠信念支撑接下来的工作。而此时，打开心并将内心真实的情感体验自然表达出来，既滋养自己又会很快与孩子联结。

靛蓝纪的结营仪式中，我们会为每个孩子留下一封信，那不是一份评价，而是将一些美好的体验用心表达。这些美丽的言语会为孩子们留下美好的记忆，伴随着孩子们的成长。

亲爱的韵豪：

夏令营期间你有了一个不请自来的称号"哭泣小王子"，不知道你是怎样理解这个称呼的，老师觉得哭泣本身不应该被讥笑，相反没有哭泣过的人，我想他应该没有一颗柔软的心。

知道吗？在你哇哇大哭的同时，老师也看到你勇敢坚强的心：攀登自然岩壁时，你毫不畏惧岩石的坚硬；水上自救时，你第一个跳入水中，教练指定的各个动作都不在话下；登山徒步时，道路泥泞湿滑，但你毫不犹豫，勇往直前。

当你偶尔冲动，与他人发生冲突的时候，老师也看到你温柔、愉悦的心，就在我们手拉手肩并肩一起下山时，就在我们聊你喜欢的书、喜欢的棋时。

第七章 营地教育需要精神生活

韵豪,你要记得这些勇敢、温柔、愉悦的时刻,还有体贴、友善、合作、忍耐的时刻,因为这些都会让你品尝到温暖、甜蜜的滋味。

韵豪是一个精力充沛又非常有挑战性的男孩,在营地哪有他,哪里可能就会有冲突,进而有他的哭泣声。所以一方面他总是引发冲突,另一方面,他也总在冲突时用哭泣作为武器、工具。不知什么时候起,他就有了一个称号——"哭泣小王子"。营地生活虽然结束了,但老师希望他不要被这个不请自来的称号限制,也不要被自己的行为模式限制。虽然短短几天,老师不能让他完全改变原有的行为模式,但是老师希望他能看到,除了那些之外,他还有更多美好的品质。比如在那些有挑战性的行为后面,他还有温柔、愉悦、勇敢的品质,同时,他也可以让自己的体贴、合作、忍耐等品质越来越强大。

亲爱的锦熙:

你是夏令营中让老师印象深刻的小营员,老师记得你独自寻找乐趣的身影,记得你不顾提醒只按自己心意行事的身影,记得你和其他小伙伴不断发生冲突的身影……当你对老师说只有报复、还击时你才会觉得有用、觉得好受时,老师知道这一定是因为你曾经伤了心而无人懂得。不知道9天的夏令营生活,有过多少次让你感受到被理解,让你的心因为被懂得而有所归属,而又有多少次让你觉得被误解,让你的心孤单无助。

锦熙,你知道吗?其实每个人都在学习如何去爱,尤其是每个大人也都在像孩子一样学习如何去爱。老师觉得遗憾的是,短短的9天没有能够表达足够的爱，或许现在对你说抱歉太晚，那就希望我们还会有机会在一起，来学习如何去爱！

锦熙是那种让人印象深刻的小营员。集体活动中他总是要逾越边界随意行动，任何的提醒都没有什么作用。要出发时，他会赖在床上说没睡醒；要睡觉时，他会玩兴正浓难以抑制；大家在排队等候时，他早已离队另辟蹊径；大家在一起玩耍时，他又有点寂然地在一旁自寻乐趣；与队员发生冲突时，他一定会针锋相对并且大打出手。可以说他对环境、对他人已经不信任甚至是怀有敌意，这源于他过去的成长经历，过去的经历让他不断感到深受伤害，让他深深失望并且发展出对他人的憎恶，从而他的行为就会表现出攻击性，因为他觉得只有这样做才是有用的，但实际上这是个错误的信念，由此而产生的行为并不能为他带来归属感、价值感。而转变的方式不是从行为上去纠正他，而是要理解、承认他被误解、被忽视、被伤害的感受，看到他真正的需要：被认同、被看到、被接纳……记得他在听到老师对他的理解和歉意时，眼中也含着泪水。

亲爱的子安：

到营地的第一天你就受伤了，为此你自己、妈妈、老师都犹豫、挣扎过是要继续还是放弃这次夏令营。但是，瞧，9天在泪水、欢笑、辛苦和惊叹中悄悄走过。我们一起经历了许多：伤痛时以及想妈妈时的脆弱；队友陪伴、老师守护时的温暖；右手受限，但左手却越来越灵活的意外收获；水上自救时突破自己的畅快；错失攀岩时的沮丧、伤心；和伙伴一起聊天、游戏时的热闹、充沛；任何活动都不愿轻言放弃的勇

气、坚毅……

子安,虽然意外受伤让你的身体受到一点点限制,但却没有限制你不断尝试的勇气,你是当之无愧的小小探险家!

子安是营期中年龄最小的一位小营员,小小瘦瘦的身躯。他在第一天胳膊就意外受伤,右臂不能动了却要完成一个大运动量的户外挑战营期。就是在这种不可能的情况下,谁也没放弃,营期结束,我们一起收获了意料之外的成长。

这样的文字有太多太多,每次结营仪式的时候,老师们都将这些美丽的言语用心读给孩子们听,你会从他们安静而充满神采的表情中看到,他们是如何享受这些滋养内心的养分。那一刻,所有的孩子都会安静下来,无须老师维持秩序。通过几天的相处和调整,孩子们已经开始回归正轨,心安宁了下来,静静地享受着心与心的联结,他们非常清楚,在这个联结中充满着浓浓的爱意。

亲爱的××:

有一种人,他们天生拥有大能量,当这些能量被用到创造与改变世界上,他们就成了伟大的人。而你,也是一个拥有大能量的孩子,但你要知道,当你把能量运用在对抗与挑衅上,你就浪费了它,但如果你把它运用在爱、创造、友善、信任上,你就拥有了成为伟大的人的机会。

那天你分享爸爸妈妈工作的时候,言语里充满了爱,我知道,这个喜欢对抗和挑衅的你,还是一个满满都是爱和奉献的你,我看见了这个美好的你,也希望你能看见这个美好的自己,就在此刻吧!

亲爱的××：

从帆船营回来，你有了许多改变，一个又一个惊喜让我们重新认识了你，灿烂的笑脸，成为被模仿的带领者，快速调整情绪，积极参加每项团队活动……

适应一个新的环境，信任一个刚认识的人，这些都不是容易的事，但只要你愿意打开心，愿意表达自己，那么你就会有所收获，你的努力与改变让老师们感动，而你也在蜕变中长大。

谢谢你的改变，让我们再一次了悟到成长的重要性！因为你发出的光，正在照亮世界！

亲爱的××：

短短一周，你给老师留下了深刻的印象。那天，处理完你和同学之间的矛盾后，我请同学给你道歉，你却说："我不需要道歉了，老师，我只想他们以后别这样做。"你的回答让我心里一惊，因为在你的回答中，有一种宽容的感觉。

生命的真善美通常都是在这些细小的地方体现，它们就像一个个小小的光点，当光点越来越多的时候，你的生命就成了光，希望你的人生由这些美好的瞬间组成。

亲爱的××：

有一种很重要的成长方式，就是学会真实地表达出自己内心的需求，然后就会有机会让父母、让老师乃至于让世界看见你。与此同时，满足你需求的机会也就会到来，这就正如花朵需要养分一样，而你本身

就是花朵。

大多数时候，你都在自律而有序地成长着，这让老师自然而然就会信任你这个生命，所以，你唯一要做的就是敞开心扉，将内在那个自由鲜活且充满爱的你完全呈现出来。

最后老师想说，谢谢你3周的全然陪伴，陪伴着这个团队的成长。

亲爱的××：

每次老师在提问你的时候，你就会想，想，想！那一刻，你的眼睛打转，能量聚集于头部，然后就陷入了缓慢而深入的思考中。有时候老师等不及，就会问你："是现在回答还是要再想想？"你大多时候都会说："再想想。"

于是你就在一种极其缓慢的节奏中悄然地发生着改变。通常，不鸣则已，一鸣惊人。这正如花朵，你看不见它开放的过程，但却有一天，它突然就绽放了。

期待你的生命也如花朵般更大地绽放！

亲爱的××：

每次和你交流的时候，我总会提醒你：看着老师的眼睛，看着老师的眼睛。知道老师为什么要这么做吗？

因为眼睛是心灵的窗户。当你的心打开一扇窗的时候，你就有机会看见这个美好的世界，就会有机会体验到爱，同时也会有机会让太阳的温暖和光芒照进你的心里，去和你内心深处的那份不被人知的爱与柔软相联结，这就是你来到这个世界所收获到的最重要的礼物。

记住：珍惜这个礼物，就是珍惜你这个珍贵的生命！

亲爱的××:

从第一周忧郁的"小鸟"到第三周快乐的"小鸟",我不知道你的内心经历了什么,但有一点我明白,你需要有一个让你感到放松且被滋养的环境。

那天,你站在镜子面前整理自己的时候,发现粉色背心少了一颗扣子,于是你羞涩地看着我,我告诉你:"没关系,这不影响你爱自己。"你马上调整好自己,重新面带微笑,并挺直腰身,认认真真地欣赏着自己。那一刻,我瞬间看到了一个长大后亭亭玉立的你,甜美宁静,精致细腻。

是的,当你越靠近自己的心,就越能呈现这些生命中美好的品质,老师开始期待你长大了!

亲爱的××:

有一天,我站在二楼的窗边看你们在楼下玩耍,所有的同学都从那个被拽下来的绿布网上跨了过去,只有你,蹲了下来,把绿布网捡起,然后默默把它挂回原处,这个小小的举动就是美德。

美德是生命中最高贵的品质,它不同于你在课堂上积极的表现,也不体现在你是某个活动中的主角,它的展现不是做给别人,也不是为了获得赞美,而是一种自然而然的流露,它来自于你内在那颗充满善良的本心,所以请好好珍惜!

亲爱的××:

你知道吗?来这里的第一天,下午回房间的时候,因为争夺你的东

西,弟弟大哭。于是,我记住了弟弟,也记住了你。

接下来,因为与伙伴的矛盾,你哭得很伤心,我告诉你,你拥有拒绝别人的权利,同时也要学着接受被拒绝,你充满疑惑地看着我,脸上还挂着泪。

上台演讲,你有些胆怯,在凌老师的鼓励下,你落落大方地讲完了一切,给了大家一个大大的惊喜。你知道吗? 在我眼中,你几乎接近完美,一旦加上你的勇气,你将会迎来一个充满力量的人生,去展现你的完美吧!

亲爱的××:

这次7天的营期,可能对你来说有些"长",但对于老师去认识你来说,却很短很短……

营期中,你与带队老师、其他"小"营员总是保持着一些距离,给人有点不要靠得太近的感觉。老师第一次觉得有一点了解你是在昨天早上,在进行"用积极的言辞创造积极的感受"的活动中,你说你不习惯那样表达,所以说不出口,尽管那是你自己内心的真实感受,依然让我发现了你情感世界非常温暖、美好的一面。老师第二次觉得有一点了解你是在非洲鼓课上,我发现有一段并不简单的KOKO,你却掌握得很准确,当鼓声响起,你的身体也跟随着旋律动起来,非常帅气! 我发现你非常善于用你的身体学习。有时还能看见你做出投篮动作,干净、利索。是的,我们的身体非常有智慧,而你正在练习着使用这种智慧。

所以,对老师来说,在那个需要保持距离感的你后面,还有很多需要被认识、被看见、被理解的部分,希望以后我们还有机会。

亲爱的××:

又在营地见面了，还记得去年的丽江夏令营时，你带给老师不小的挑战呢，而这次老师却看到了不一样的你。

不论什么活动，谁在讲解，老师总发现你会迅速拿出纸笔来做记录，这真是一个利于学习的好方法。这次营期中，你还收获了一个好朋友，老师看到，你们在一起时能说得来，能玩得来……在不同的环境中找到相互支持的朋友，也是我们人生中非常重要的能力。老师相信正因为有朋友的相伴，为你的营地生活增色不少。

最后，老师要对你的合作表达感谢，不论老师对你做出怎样的提示，你总是迅速积极地回应，这让我们能把精力投入到创造有意义的体验上去。

当你准备好时，世界也会为你而存在！

亲爱的××:

人们都说集体的力量大，而我觉得集体的力量是来自于个人，而你无疑就是这个集体的摆渡者，这个队长非你莫属。可能你与生俱来就拥有这样的领导力，不需要回避这样的品质，既然拥有它就要服务于集体。很多时候我们以为是在服务别人，其实是在服务于自己。

真正的力量来自于责任与承担。

亲爱的××:

首先，老师要对你表达感谢。感谢在营期中能与你相识，这真的是非常幸运。你用自己的体贴、热情、善意、宽容、耐心、温暖照亮身边的队友。

其次,老师非常欣赏你。在选组长时,你并没有第一个举手,而是在心里掂量了一下,在最后时刻鼓励自己举起了手,老师欣赏你的谨言慎行。

在你表达你想帮助老师分餐时,起初老师并没有积极回应你,但你没有放弃,而是找到另外的时机,分担起这个工作。老师欣赏你的坚持和耐心。每次活动分小组时,队里的小营员总是希望能和你一组,老师欣赏你是一位值得信赖的好伙伴。

无论是参加活动还是营地生活,你总是安排得井井有条,老师欣赏你的自律和自我管理的能力。

记得有一次聊天时,老师问你:"要毕业了,你会不会舍不得自己的好朋友?"你告诉老师:"学习太忙了,没有什么时间交朋友。"知道吗? 你是个会发光发热的人,当太阳给予别人光和热的时候,世界都是它的朋友,而你就是这样一个发光发热的小太阳。

……

最后,我想说,不管是怎样的教育载体,面对孩子用心说话,这毫无疑问是最好的沟通方式。当你开始明白,孩子们的心敏感而光亮,即使因为诸多原因已经开始紧闭心门,但只要你懂得用心说话,那么你心中的爱自然会再次点亮孩子们内在的光。

附录　营地教育感受篇

有趣而刚毅的灵魂始于一场探险之旅

靛蓝纪营地老师　丸子

年轻的婉华大学毕业就来到了靛蓝纪，被孩子们亲昵地称为"丸子老师"。记得她第一次来营地实习的时候，沮丧地说："真没想到如此辛苦。"之后的4年里，她为营地工作哭过、笑过、挣扎过、努力过，最终她成了这个领域优秀的一员。

这个夏令营并不轻松，可以说是有点艰苦，孩子们要体验的不仅是在心理上需要面对与克服想家的心情、发展独立能力的挑战，更重要的是体验环境、自然的挑战。他们要体验泥巴、山林、雨天、土路……真正地锻炼吃苦耐劳的精神，远离城市的繁华和舒适，适应简朴的乡村集体生活。

所谓"小小探险家"就是要一同去展开一段探险之旅，探险并不像我们住在舒适的家里，或只是去一个舒适的酒店。探险的时候会有一点点紧张，但是又会很兴奋；有一点点害怕，但是又觉得很好奇；有一点点激烈，但是又很释放；有一点点辛苦，但是又会很开心。当孩子们适应了环境，拥有苦中作乐的精神，就会从中收获更多。

第 1 天　集结日

35 名小探险家要在丽江营地汇合。第一天就遇到一个小障碍——广州航班延误、长时间滞留机场，孩子们不仅要处理内在的想念情绪，还要平复焦虑，学会度过和享受无聊的时光。

第 2 天　森林徒步日

这一天并不简单，可以说是体力与心理挑战最大的一天。晨起到中午一直雨水连绵。雨水冲刷的山路并不好走，每一步的迈出都比平常耗费更大的力气，雨水和泥巴溅湿身体，滑一下便成了"小泥人"，生活在钢筋混凝土城市中的孩子们，总会嫌弃和抗拒肮脏的泥巴。于是，抱怨、哭泣的声音和紧绷的神情，一路相随。

倾听情绪、陪伴疏导、鼓励转化……是每位老师下山的主要工作。"我们可以哭泣，但没有放弃。"孩子们经历过这段历程后，对自己的能力与心态有更深的发现与认识。

第 3 天　皮划艇日

孩子们天生爱玩水，借助皮划艇他们与水亲近。

这帮小家伙们是很厉害的，很快就掌握了皮划艇入门技术，只用了几分钟十多艘小艇就迅速并排集合，在教练的指导下做平衡站立的练习，这是一次考验团队配合的活动，其中任何一只船桨一松，就会导致方阵的解离。

因为突然的骤雨，下午的人工岩壁活动只有不到 10 个孩子进行了体验，但孩子们迅速地适应了活动的调整，在室内的空间里渐渐地热闹起来，三三两两自发地创造自己喜爱的活动与游戏。这让老师非常惊喜，想起纪伯伦在《论孩子》中写道："作为成人、作为父母，我们总无意识地给孩子过多的干预。没有了预设，便会遇到自由，欢笑声中的这一刻，孩子们拥有最美好的自己，每个生命都是自己的上帝。"

第4天 攀岩日

驱车前往石鼓攀岩圣地，这里是大自然圣洁的天堂，高山、峡谷、岩壁、瀑布、绿植……

一边是紧张而又充满力量的高空攀登，一边是轻松而愉悦的河边捡石，孩子们分组交替地进行。攀岩是户外运动里最具挑战、心理感受最强烈的项目，几乎每个孩子攀岩下来的分享都是"有一点害怕，但是很爽"，在克服恐高的心理"战役"中，内在自信坚定的"小巨人"成长起来了，如幼芽钻缝般萌发！

第5天 采摘寻宝、拜访纳西人家

有一种快乐叫探寻与发现。当我听着山上孩子激动喜悦的声音"老师，看，我找到的结晶石"，我内在的声音在回应："比石子更无价的是你们这颗善于发现美的心。"

这一天对孩子们来说是有趣的一天，对我来说是感动的一天。4组孩子在拜访纳西族村民前都准备了礼物，孩子们在资源有限的小商店里，讨论着该选择怎样的礼物合适，而在拜访村民时他们的言

行有礼。在村民推托礼物时,他们真诚地说:"这是我们的小小心意,您一定要收下。"站在孩子身后的我,除了感动也没有其他可以言表了。

第6天　束河古镇社会实践

上午每位孩子都挑战了6米高的绳降,这一天恐高的小魔鬼已经消失了,在他们的脸上流露出更多的是热爱,热爱像小鸟般在空中自由地"飞翔"……

孩子们在石头上绘画或制作手工艺品后,在束河古镇售卖。一个个小身影在忙碌着,有的穿梭于人群中推销,有的在摊位大声吆喝,有的在交流和总结经验……在这个过程中孩子会发现与明白,世间有冷漠的人也有热心温暖的人,尽自己最大的努力就无悔了。当多年后想起这段自己曾突破难以启齿与尴尬的经历,会发现这是极大的财富。

第7天　水上安全训练

这天是释放的一日,在学习水上自救前,孩子们分组进行皮划艇接力赛,呐喊加油的声音覆盖了整个拉市海湖面,乐趣与团队的气息就这样融合了!

有一种释放的乐趣,叫草坪上的翻滚。清新的空气、美丽的球场、碧蓝的天空,还有孩子们欢笑跳动的身影。时间,就这样停住吧,让这些小精灵们继续无忧地跳动。生命里灵动的状态不就是这般么?

第 8 天　登顶文笔峰

有一种自豪的声音是"我登顶的地方比爸爸妈妈去过的地方还要高",这一天孩子们徒步登顶海拔 3465 米的高峰,沿途穿越魔法森林,看见绿萝与山珍,拾了蘑菇与花朵,俯视了丽江城郊……

我们离云朵与天空的距离是那么近,我们离自己勇敢的心是那么近。魔法王子与公主们,请相信自己,相信你们的力量。

第 9 天　结营日

"好奇妙呀！ 就这么过了 9 天！ "这是一位孩子清晨醒来的第一句话。有一点点兴奋又有一点点不舍,有一点点开心又有一点点惊讶……兴奋于就要跟爸爸妈妈们见面,不舍于就这么快结束了活动,就要离开这个环境,和朋友们告别,这大概是所有孩子们的心情。

结营仪式后,我特别想与孩子们说的一番话是："你们收获的不仅是一份营书里的欣赏,奖牌上的嘉奖,而更重要的是对自己有更深的发现与认识。"

探险是什么？ 探险是面对前面的未知与困难依然前行。

勇气是什么？ 勇气是第一次敲陌生人家门进行拜访。

胆量是什么？ 胆量是第一次在川流不息的人群中张口推销售卖作品。

兴奋是什么？ 兴奋是第一次寻宝发现结晶石,发现山涧菌子与雨蝶。

坚毅是什么？ 坚毅是每一步凝神往上的攀登。

成长是什么？ 成长是第一次离开家门独自乘坐飞机，第一次9天没有与父母见面说话。

团队是什么？ 团队是每次竞赛中我们呐喊的声音，活动中我们紧握对方的手。

蜕变是什么？ 蜕变是从害怕、厌恶、悲伤到接纳、享受。

要问我幸福是什么？

幸福是我在你们的身后，看着你们独立飞翔的背影。

——致 2017 夏·小小探险家们

自 然 的 力 量

靛蓝纪营地教育合作教练　刘团玺

　　刘团玺老师是中国早期涉入营地教育的户外活动教练，早在华为工作的时候，他就很喜欢户外运动。之后，开始研究国际营地教育的发展。第一次见他，是在他位于昆明的 TNS 自然学校。那是一个很简陋的办公空间，但户外的人工攀岩场地却很专业。他激情四射地向我介绍户外运动以及攀岩、皮划艇、登山等项目对孩子们身心发展的益处。我喜欢他的激情四射，毕竟做教育需要爱上孩子，爱上和孩子在一起的生活。那之后，他成了靛蓝纪营地教育的合作伙伴之一，孩子们开心地称他为小毛驴老师。他的细腻坚韧，让我一次次对营地的户外运动有了更多的认识和信赖。

　　翠绿的松萝密密地挂满冷杉的枝条，红腹锦鸡在山坳中发出鸣叫，她应该是听见了人类的脚步声，给伙伴们发出警告。九叶草长得很高，矮一点的孩子都被遮掩住了。我们穿越过布满青苔的小路，攀上最后的石灰岩石顶，海拔 3465 米的文笔山顶峰到了，云海、盆地中的城市与古镇、拉市海、文笔海、玉龙雪山等一览无余。

　　"我感觉自己就是那一朵云。"有个孩子说，他旁边的石缝里开了一朵兰花。滇西北的这一带，为横断山的一脉。云南境内的横

断山被统称云岭山脉。滇山在雨季水汽氤氲，我们总行走于山中的云路上，享受漫步在云上的时光。我们走在云路与森林里——孩子们以及我们成人的五官、情绪感受，都被激活了。

这是一场户外活动中的登山活动：徒步、爬升、攀石、休憩、接组、补给、防晒、崴脚、帮助、喘气、海拔……孩子们与自然相处，遇到及处理各种各样的自然挑战。往往遇到扎脚的荨麻，走到一个路口迷惑着往哪里行走，或是天边的闪电暴雨给人的恐惧感，继而遇到体力上的门槛阈值……

这是一个户外运动教育中的场景历程。这样的生命时段，嵌入到孩子们的生命历程中，化作他们的教育滋养。几年过去，当我们回访这些孩子的时候，他们还记得魔法森林（冷杉松林）的绿色宫殿般的幻境。这是户外运动的真实体验，那么，请让我们再深究并探索一下，什么才是户外运动教育？什么才是真实而正确的教育？

首先应该思考和定义"什么是教育"。教育即生活、即生命，当我们活着，就会有关系，与自己的关系、与他人的关系、与环境的关系。关系是发现自己之门，也是教育成长的开端与过程。如果我们关心自己的生命，我们怎能不了解自己与他人、与社会，甚至与生命本身的关系呢？在环境的层面上，我们与大自然的关系，就是户外运动教育的真谛。

大自然是最大的情境所在。正如这次登山活动一样，人们走进大自然，俨然已成为自然环境的一部分，孩子们与大自然合一了。

……

但在今日的社会现实中，反差强烈的是，夏令营中的孩子们大多来自经济基础较好的城市家庭，而当地乡村的孩子们，因为父母外出打工或做生意，在暑假只能面对老人、面对电子屏幕。在城市及乡村父母的观念中，有一点是相同的：他们都希望自己的孩子能够健康成长。但无论乡村还是城市的父母，普遍都在崇尚成功，人人皆以成功的强烈欲望为目标——追求物质或精神上的回报，寻找内在外在的安全感。这些抑制了我们的不满之情，埋没了自发性和自由性，滋生了恐惧。

"作业真是写不完啊！"孩子们一提校园也都感到有压力。孩子生活的完整性和丰富性受到了影响，原本在他们年龄段应有的生命活力，也很难看到了。

我们对生活的担忧，对困难、对新体验的畏惧，扼杀了自己内心的冒险精神；我们所受的传统应试教育，让我们害怕自己会变得和他人不一样，害怕自己的想法与社会既定模式背道而驰，因此我们尊崇权威及传统，甚至追星。这种害怕，阻碍我们去智慧地了解生活。于是，随着年龄的增加，我们的头脑及心灵就开始变得迟钝了，我们身体也随之变得臃肿早衰。甚至，在今天的校园里，孩子们之间的相处，日趋江湖化、成人化。

在信息化的时代，我们的确必须懂得如何读书写字，要学习科技或其他专业知识。科技进步在某种层面上解决了很多问题，拓展了人类思维，但引发了更广、更深层的问题。技术知识是必要的，但在本质上技术是次要的，因为它解决不了我们内在的精神压力与冲突。我们获得了知识与技术，却不去觉察、了解、洞悉生活和生命的整体过程，技术就可能变成毁灭自我的手段。假如知识教育成

了我们唯一奋力争取的事物，我们就会否定了生命中更为伟大的部分。生命中更为伟大的部分，我们知道是什么吗？

教育的本质是摆脱恐惧，恐惧不是抽象事物，它只存在于关系中。真正的教育是不应有恐惧，或是恐惧不该弥漫在孩子们的心灵当中。所以，当我们来研究探索户外运动教育的时候，我们首先应该洞察我们所面对的现实真相。因此，生命中更为伟大的部分，就是真实，就是真实的生活，就是这个富含痛苦、喜悦、美丽、丑陋、爱的生活，就是这个具有整体性的生活。

真正的教育是智慧教育，智慧就是洞察本质。要洞悉本质，我们就必须摆脱逃避真实所投射出来的种种障碍及恐惧。我们自己与孩子，要走出恐惧不安。真正的教育不仅不反对，反而鼓励人们学习技能，但它强调教育应当实现更为重要的价值：帮我们发现永恒不灭的价值，去体验生活和生命的完整性。大自然则具有这样的智慧，正如梭罗在《瓦尔登湖》中感慨："广阔、狂野、孤寂，这就是我们的自然母亲。像那猎豹，就在身边，优美而舐犊情深。不过我们都早早地和自然母亲断了奶，钻进了只和人交往的社会。"这样的智慧不会凭空而来，需要人们去走入自然。

"我感受到紧张和害怕，但我发现自己只要坚持下来，也能登上这么高的大山。""其实，我觉得作业是太多了，但我或许能比以前做得更好。考试考不好并不可怕，对比那个天空中的闪电不算什么。"一个孩子哲人般地感叹道。

教育一个孩子，使其变得完整自由，最好的方式就是体验教育、实践教育，陪伴他们走入荒野自然，勇敢面对变化、面对恐惧、面对真实，觉察真实、求索真实，继而使自己的成长和学习历程步入正确的方向，使自己的内心打开、自由、开放。

最终，孩子们通过觉察发现这些恐惧，并在觉察和体验中渐渐克服恐惧，从而在身心上逐渐获得成长，这便是户外运动教育的本质和真相。于是，户外运动教育渐渐出现在课外教育（营地教育是最多的表现形式）、家庭教育及传统教育当中。

在理论体系方面，哈佛大学教育学院的霍华·加德纳教授于1983年提出了"多元智能"理论：言语—语言智能、逻辑—数理智能、视觉—空间智能、身体—动觉智能、音乐—节奏智能、人际交往智能、自省智能，以及自然观察智能，甚至他认为自然观察智能教育的综合实践性足以替代其他智能教育方式。"自然观察智能的核心是人类对于动植物、自然环境中的其他部分，如云、岩石等的认知能力。"他解释道。

自然观察智能与身体—动觉智能相结合，即是户外运动能力。

可以说，户外运动的教育，是现代教育森林体系中的绿色生命源，为现代教育的心脏、发动机。从教育学家蒙台梭利到心理学家埃里克森，都持有这样的观点——"生命创造力，是伴随着孩童时代的自然天赋与灵性空间一起产生的"。

户外教育也是体验式教育与环境教育哲学的实践。户外运动教育，其校园就是大自然，最好的营地就是大自然。青少年深入大自然，通过户外运动课、自然体验观察课、文化与心理课等形式，身心变得坚毅而健康，从而不断汲取能量而生长。营地教育中，自然教育、户外教育为两大技术分类，自然教育偏重自然观察、自然体

验、自然保护，户外教育讲求户外运动。

户外运动，通常是指发生在户外自然环境下的预先组织的体育运动。大自然造物主所提供的"场地"极为丰富，如天空、峡谷、悬崖、森林、荒漠、自然水域、洞穴等。人类所创造的户外运动内容也是丰富多样，例如：滑翔伞、徒步、溯溪、攀岩、登山、皮划艇、探洞、单车、绳索课、露营、绳降、冲浪、集体游戏等。

大自然是一个天然壮丽而又精妙的大课堂。孩子们身处大自然里，作为自然人，作为智慧生命，重新回归到大山、湖泊、原野、泥土、森林当中。孩子们集体生活在自然营地里，会碰到一些环境、体力、意志、人际关系上的挫折障碍，在保障安全的前提下，孩子们自己克服，经过个体及协作化努力，他们最终克服了困难，收获到身体与心理的突破，在内在精神上获得自信心。他内在的心灵也就在这个过程中得到成长发育。

对于青少年来说，最好的学习方式之一就是大自然里的户外运动。开发学习和成长的生命力与创造力，是一种途径，也是一种目的，更是一种生活。大自然充满了美好和奇妙，教育者们应该具有一颗对自然万物孩童般的好奇心，并以言传身教的方式让孩子们也感受到，在自然山野里来启发他们的灵感，探索认识这一世界，以及这世界中一切和谐而奇妙的创造。

孩子们与我们共同付出汗水，远离了城市里机械电子式感官，从山野自然中汲取美好生命的力量。与自然发生深度联结，构建体验式的生命关系，人类教育的生命力才会有根基。对于从大自然里汲取知识、能量、智慧，户外运动是其中相对技术性最强、体验感最深、效率最高的形式。最具体的自由教育，最有体验感的自然教育，即户外运动。

自然的力量，在于它的丰富、博大、天然，它所带来的体验感、实践性、深度感受，是传统课堂教育无以替代的。一个漂流过金沙江的女孩，每天都用英文记录她自身的经历和感受，她说："河流就是我最好的老师，他吓唬我、挑战我，但也是我的朋友。"划皮划艇、漂流、穿越森林，这些具有探险性的、前卫酷潮的户外运动，对于孩子们来说都有莫大的魅力。

作为教育者，作为成人，我们需要陪伴着孩子成长，带着我们的勇气、好奇心、耐心、理性、思考、活力、创新力、实践力，多陪我们的孩子们走进大自然、走入户外，鼓励孩子们多接触外面的世界尤其是大自然。在大自然的环境下，孩子们通过户外运动、集体生活，学习服务他人及和他人相处，发展个人兴趣，开发自我潜能，探索大自然，进行那些看似艰难但可以安全实现的探险活动，学习及培养公共意识，锻炼自己的体魄，培养探索、探险的精神，提升社交能力，从而成为真正优秀的完整的现代人。

深入自然，以身体来行动，让孩子们建立了与大自然的亲密关系，并联结了自己与他人，从中发现智慧并拥有它。这就是户外运动教育的本质，这就是自然的力量。

帮助孩子学习解决冲突

靛蓝纪营地教育创始人之一　凌晓琪

2010年，作为前同事，凌老师与我共同创办了第一期亲子夏令营。3年后，我们成了创业合伙人。即使她常年不在广州工作，但始终默默无闻地坚守在营地教育的岗位上。有了她，那些营地教育中的种种理念才得以实现，她那温和而坚定的教学方式征服了众多孩子的心。

帮助孩子学习解决冲突

不知道你有没有观察过自己是如何面对生活中的冲突的。

通常情况下，当我们能够管理自己的情绪并使注意力集中于问题本身，同时能既诚实、清晰地表达自己，又能尊重与倾听他人时，解决问题的积极办法就会被发现，冲突也就会很快得到和解。这是因为，在每一次这样的互动中，我们都能聆听到自己和他人心灵深处的呼声。同时，它还促使我们仔细观察，发现正影响着我们的行为和事件。

孩子之间也不例外，只是这种能力不是与生俱来的，而是通过学习逐渐发展起来的。

为了获得解决冲突的技能，为了提升对内在动机的了解，真正地学习如何解决冲突，首先孩子所处的环境必须使其在心理上和身体上都感到安全。当我们把犯错当作成长的机会，孩子就可以从错误中学习。

在一个支持、尊重、开放、充满爱、有选择、可探索的环境中，孩子就可以更主动地学习新的技能。当孩子之间发生冲突时，老师协助解决的步骤就会成为孩子学习自己解决冲突的方式。

以下是解决冲突的几个步骤。

1．老师冷静地接近，阻止伤害性行为。

当冲突发生时，成人需立即做出反应，同时保持冷静，这是具有挑战性的。走向冲突的孩子，保持冷静的一种方法是尽力去想"这是一个重要的学习时刻，我所需要做的是支持孩子学习新技能"。在接近孩子时，关注自己的身体语言也很重要。我们需要通过以下方式向孩子表达我们的信任和尊重：蹲下来跟他们在同样高度，使用冷静的声音，适当时轻轻地抚摸孩子。

2．认可孩子的情绪，帮助孩子处理好情绪，直到他们内心平静下来后，再将注意力集中于问题本身。

当我们的大脑被情绪淹没时，是不能够思考和解决问题的，所以可以陪伴孩子先到能帮助其平静情绪的环境中，通过共情和倾听来调节情绪，在情绪管理方面有经验的孩子甚至自己就可以进行这个步骤。

3．请孩子分别说说发生了什么，老师在这个过程中只是负责重述问题，也就是帮助澄清细节。

一旦孩子情绪平静下来，我们就很容易收集到有条理的、理性的信息。而老师需要用中立的、冷静的方式重复孩子分享的信息。

4．征求孩子对解决问题的想法，共同选择一个解决方法。

孩子的解决方法常常令人欣喜，并且充满新意和创造性。当孩子说出他的想法后，老师要鼓励冲突中的各方，思考已经提出的解决方法，对他们是否起作用。我们要与每个孩子进行确认，确定一种所有人都同意的解决方法（通常每个人都同意就意味着遵守规则，因为规则保障的是大家的权益）："所以，解决方法是……，你能接受吗？"当孩子提出建议并思考解决方法时，他们正在获得解决问题以及因果思维的经验。这一步确保了最后达成一致的解决方法能满足每个人的需要。

5．做好给予进一步支持的准备。

告诉孩子们"你们解决了这个问题"，这样的陈述很重要，因为当成人介入后，孩子们常常意识不到自己在寻找解决方法中扮演的角色。这个简单的陈述重塑了他们的信心，强调了"他们"就是问题的解决者。另外在冲突后要与孩子保持一段距离，再观察孩子一段时间，如果发现孩子在冲突中的情感未得到完全排解或解决方法未起作用，那么我们应该做好进一步支持的准备。

以上的步骤，经过几次实践后，孩子可能学习到的解决问题技巧包括：意识到他人的需求；以一种无害的方式，更主动、更有力地表达自己的情感和需要；考虑解决方法时，能采用因果思维；用实验和试错的方法，练习为自己和他人做出选择；根据不同的经验，针对不同的人和事物，在各个方面强化自己的能力。

在某一天的营地生活中，孩子为和谁做室友发生了冲突。最初帅帅和逸民被分到了一间房，并成了朋友，但经过几天相处，帅帅发现和浩然在一起也很有趣，就决定去和浩然住到一起。这时产生了一个冲突，他们原有的室友怎么办？

逸民听到帅帅要和浩然住到一起，就有了情绪，于是老师单独陪伴他，老师看到他气呼呼的样子，试着表达对他的理解："你觉得帅帅是你的好朋友，他搬去和别人住，你感觉被朋友抛下了，所以很生气，是吗？"逸民听到老师的表达就说道："以后除了冬令营的老师，我要和所有的营员绝交了。"老师接着说："想到他离开你，你又生气又伤心，是吗？"听到这里，逸民已经由前面怒不可遏的状态变得安静了下来。

于是老师问浩然、帅帅和逸民："有什么分配办法可以让每个人都满意呢？"这时帅帅、浩然开始积极地想办法，浩然尝试问自己的室友锦然愿意和谁一起住，锦然选择了程越，正好此时程越的室友湃轶发话："只要是不和程越一个寝室，和谁住在一起都行。"于是，两人趁机赶紧撮合湃轶和逸民住在一起，这时情绪平静的逸民和湃轶也同意了这个方案。这样6个人在都同意的情况下又重新分配了室友。

接下来老师们又暗暗观察，重新分配后孩子们住在一起的状况，是愉快、和谐的还是压抑、冲突的，直到营期结束，孩子们也没有再为室友的问题出现冲突。

解决冲突的工具

对于营地老师或者教练来说，掌握一些沟通技术非常重要。即使你对教育理念本身并不熟悉，但只要在遇到问题的时候，使用以下工具，就可能会帮助师生之间建构有效的沟通。

1．指导老师要保持温和与坚定并行的态度。认同孩子的感受，理解他的情绪，但在行为上坚持原则。

2．认真倾听孩子的每一次纠纷，让纠纷的双方都对事情进行陈述（"请告诉老师发生了什么？""请描述事情发生的全部过程。""你们自己会解决吗？"）。这一过程是让孩子走进自己的思维，重复自己的故事，了解对方的想法。另外，印度哲学家克里希那穆提曾说过"不带评论的观察是人类智慧的最高形式"，像这样描述事件也是在帮助孩子发展不带评判的观察能力。

老师将孩子们的陈述全部倾听后，再依据规则进行判断，帮助孩子建立准确的是非观念。

3．积极的暂停。当我们处于激昂的情绪中时，关注于解决问题的方案是很困难的，人们总是在感觉好时做得更好。积极的暂停帮助我们冷静下来，重新接通理性的大脑，这样有助于解决问题。

4．启发式提问。使用启发式提问的方式将会帮助孩子训练抽象思维，学会预测结果，理解变化因素和提高决策能力，这些都是更高层次的思维能力。

启发式提问的技巧："你忘了什么？"

"你发现了什么？"

"你对发生的事有什么感觉？"

"你现在对解决这一问题有什么想法？"

5．解决冲突的五个步骤。

第一步：倾听孩子的感受和需求。

第二步：说出你的感受和需求。

第三步：一起讨论，找到大家都同意的解决方法。

第四步：把所有的想法都写下来（不带任何评论）。

第五步：挑出哪些建议大家接受，哪些不接受，哪些要付诸行动。

6. 纠正错误的三个步骤。帮助孩子有勇气向别人道歉，有勇气要求别人道歉，并学会尊重、维护自己的界限，有勇气拒绝别人。承认错误、重建联结的技巧是：

第一步：承认（引导孩子以负责而不是指责的态度承认错误）——"我犯了一个错误！"

第二步：和好（引导孩子向对方做出道歉的举动）——"我向你道歉。"

第三步：解决（引导孩子共同寻找相互尊重的解决方法）——"让我们一起来解决问题。"

7. 运用鼓励。通过"纠正孩子之前先建立联结"来鼓励孩子有勇气面对冲突。鼓励通常是针对过程和态度的，如"老师看到你努力克制自己，为你骄傲"。

多鼓励，少表扬，多描述，少评价，可以避免孩子被表扬绑架，或输不起，或为达目的而不择手段。相关技巧如下：

（1）描述你所看见的。

（2）描述你的感受。

（3）把孩子值得赞赏的行为总结为一个词。

8．引导孩子在营地生活中有效地使用非暴力的沟通方式，那么绝大部分的冲突就没有了产生的机会。非暴力沟通的四个要素：

观察——"当我看到……"或"当我听到……"

感受——"我的感受是……"

需要——"我的需要是……"

请求——发出请求的核心实际上是在表达你怎样去帮助自己或者别人，从而成功地满足双方的需求。

9．帮助孩子从标签中释放的技巧：

（1）寻找机会，让孩子看到一个全新的自己。

（2）创造机会，让孩子另眼看待自己。

（3）让孩子无意中听到你对他的正面评价。

（4）以身作则。

（5）记住孩子那些特别的时刻。

（6）当孩子又按照原来的方式行事时，表达你的感受和期望。

以上内容选自《正面管教》——［美］简·尼尔森 著

《非暴力沟通》——［美］马歇尔·卢森堡 著

《如何说孩子才会听，怎么听孩子才肯说》——［美］阿黛尔·法伯等 著

倾听情绪

1．看到孩子在情绪上出现波动或遇到困难的时候，把这些时刻当作一个机会，当作与孩子亲近和学习的机会。

2．与孩子感同身受，也就是表达出孩子正在经历的感受"我明白你现在非常愤怒"。把情绪当作一个自然的反应，给孩子经历的

情绪命名。通常孩子有情绪的时候是以间接的方式表现的，我们需要观察孩子的行为，观察他们的身体动作、面部表情等，准确地觉察到他的感受。

3. 接纳孩子的情绪，并使这种情绪在安全的环境中释放，帮助孩子疏导，或者引导孩子在能够平复情绪的环境中慢慢恢复。

4. 当孩子不再受情绪困扰时，再返回来鼓励他们想办法解决刚才的问题，也就是引导孩子调整认知，思考解决方案。例如："玩具被同学不小心弄坏了，你觉得很生气。但是你打人也没办法让玩具恢复原状。我们一起想想看有没有更好的方法。"

制定规则

一方面，规则的制定要遵循不伤害的原则，也就是不能有伤害自己、他人和环境的言行，例如：

1. 犯错时主动道歉，道歉会帮助我们和解，道歉也是一种勇气。
2. 请随手将东西归位，不及时归位将导致我们无法顺利工作、生活。
3. 耐心等待可以帮助我们解决资源有限的问题。
4. 尊重自己的界限，学会拒绝别人。
5. 尊重他人的空间，不打扰他人。
6. 尊重他人的界限，不对别人使用不文明的语言。
7. 不大声喧哗，不给他人带来不便。
8. 主动维护环境，不让大家生活在混乱中。
9. 不是自己的物品不能动，不随意破坏。

另一方面,规则的制定要遵循根据自己的能力、为己负责的原则,例如:

1. 遵守时间约定,不影响集体活动。
2. 不随身带太多贵重物品,以免影响自身投入活动。
3. 不擅自行动,避免麻烦他人和使自身陷入危险。
4. 按时休息,不影响自己和他人的身心健康。
5. 电子设备请勿带入营地,以免影响我们投入真实生活。

在规则的制定过程中,指导老师首先要把握好不伤害的原则,凡是涉及会造成伤害的行为,在营地生活中都不可以有,所以会以规则的形式明确界定,不容协商。另外学习达成约定也是形成"为自己负责"这一规则的方式,达成约定是孩子与他人协作的能力中一项非常重要的技能,具体执行时需要老师和孩子共同参与和合作。与孩子达成约定,一共有四个主要步骤:

1. 与孩子进行友好的讨论。
2. 每个人都分享自己的观点、感受和想法。
3. 头脑风暴,尽可能提出多的解决方法。
4. 让孩子选择一个他们认为能够解决问题的方案。

另外,一定要在解决方案的细节上达成一致,包括期望、完成的日期、每一项细节完成的具体时间。学会达成约定,对提升孩子其他的技能同样有帮助,例如倾听合作、努力实现目标、理解他人的观点等。约定一旦达成就需要友善而坚定地跟进执行,如果指导老师不去跟进,任何事情都不会改变。

但愿长醉不醒

靛蓝纪营地老师　武海燕

作为应试教育体系中的艺术教育专家，她陪伴靛蓝纪走过了多期营地生活。期间，她与我的理念曾大不相同，但她从不主观臆断，而是作为一个旁观者去观察和学习。几年下来，她已经很清楚地了解新教育理念和教学方法。带着一份对营地教育的支持和对音乐教育的热爱，她在营地生活期间创作了许多很好的节目和作品，有她在，就有歌唱。

营地生活大多是为孩子们设计。当父母参与进去的时候，就会有新的创造和体验。对于很多父母，拿出一周的时间去全然陪伴孩子完成一期营地生活，这是一件不容易的事情。而在靛蓝纪就有一个持续了近10年的亲子营。在这个营地生活中，一些非常具有特色的活动设计吸引了全国各地的家庭，父母带着自己的孩子纷纷前往，积极参与。创造了一个又一个无法替代的美好体验。

有这样一张照片，在我心中近乎"完美"，它就像心中的一阵风，时时为我吹来记忆中青海湖边的油菜花香，以及夏令营中的喜悦。

细细碎碎的花算不上很美，难以吸引眼球。然而，当成片成片的金黄色一旦弥散开来，便成了一个花的海洋，淹没了田野，淹没了山冈，在碧蓝的青海湖的衬托下，把小村包裹成了一道秀丽的风景。

人醉心亦醉。作为特殊的营员，我参加了靛蓝纪青海湖夏令营的活动，和10多个家庭一起经历了为期一周的亲子营。在夏令营里每天的经历都让我"但愿长醉不醒"。

我自己是个教师，从教20多年了，带过的孩子连我自己都记不清有多少个了，但在青海湖的夏令营里，我所接触到的靛蓝纪的老师和孩子们却让我这个所谓的老教师受到了极大的触动。

王树老师为我们敬献了洁白的哈达，喝一口藏族特有的青稞美酒，孩子们笑着乐着不停地让妈妈们帮他们拍照留念，那一张张稚嫩的笑脸闪烁着油菜花一样的光芒，生机盎然。尽管有些家庭经过了漫长的旅途才到达西宁，但没有一个孩子在此时此刻显露出丝毫的疲惫，他们似乎在瞬间得到了宣泄，将学校里的压抑肆无忌惮地释放了出来。看着他们的笑脸，我心里暗想：不知道这样的亲子夏令营会带给我怎么样的欣喜，我好期待呀！

"禁语徒步"是这次夏令营里我认为最能锻炼孩子意志力的一项活动了，它要求每一个家庭每一个孩子独自行走，最终到达营地后面的山顶上面，在山顶上吃午饭。在行走的期间尽量不要说话，不要交头接耳，保持安静，自己体验与大自然的亲密联结。

那看似不远的小山，实际距离有3公里，海拔达到了3千米以上，要知道这些孩子当中最小的才4岁，最大的也不过十四五岁。

那天一大早，孩子们早早穿好行装，和大人们一起出发了，刚开始的路途还很平坦，孩子们忽跑忽跳，嘻嘻哈哈丝毫没有疲惫感，半个小时之后，队伍逐渐拉开了距离，变得稀疏了起来，年纪小的孩子明显被甩在了后面，而他们的父母也只能陪着孩子放慢了自己的脚步。再看前面的孩子们，也已经没有了刚开始的兴奋，不再边跑边看了，他们变得安静了许多。那一刻，连虫子的鸣叫声都听得非常清楚，甚至可以听到风吹过的声音。

我和同伴跟随着这群孩子，早已将不能说话的要求扔到了一边，我俩边走边聊，尽情享受着这绝美的假期之旅，不知不觉中我的脚疼了起来，于是很随意地在路边小坐休息。不时地会有孩子经过我们的面前，他们轻轻走到我身边轻声问我："老师您怎么不走了？""哦，老师累了，休息一下。"我不经意地说着。但奇怪的是，没有一个孩子坐下同我一起休息，他们仍然继续前行。要知道这要是在我们的学校里，早已经坐下一大片了，更何况是老师都已经在休息了，这让我有些脸红，面对这些如此自律如此坚强的孩子们，我赶紧起身继续前行。

当他们累了，也会放慢脚步，甚至蹲在草丛中休息，同时还在仔细地观察着每棵草、每朵花的不同，有的孩子还拿着相机记录着自己的发现。爸爸搀扶着妈妈带领着孩子，团结一致地向目标迈进，而孩子们顽强勇敢地克服了路途中出现的一系列困难，终于在中午时分顺利到达了山顶。家长与孩子的喜悦充分表露在了他们的脸上，连最小的那个孩子都是自己爬上山顶。 看着他们一张张自豪的笑脸，靛蓝纪的老师们趁势请每个家长和孩子都谈谈自己在这段路途当中感受到了什么，发现了什么，认为自己哪里表现得最让人佩服。于是憋了一上午的话终于滔滔不绝地说了出来，每位营员谈论着自己的收获，称赞着自己的家人，他们的眼里充满了爱和自豪。家长们为孩子们树立了坚强的榜样，而孩子们从榜样的身上体会到的不只是简简单单的爱，更有超越说教的身体力行的影响力。

从小恶魔到小天使，是内在本色的呈现

靛蓝纪学员家长　吴蓉波

作为一名家长，蓉波不仅每年都把孩子送进靛蓝纪参加营地活动，并且几年来，一直坚持在靛蓝纪学习各种父母课程，以此提升自己的养育意识和方法。丈夫在异地工作很忙，她要独自养育两个孩子，因此想让自己能更好地保持充电状态。当她开始坦然接受生活中的一切时，我看到了她内在的力量。

儿子从夏令营回来有一段时间了，这段时间他情绪平和，整个人都显得比以前安静了，很多时候他都在静静地读书。在家里帮助我照顾妹妹；在快餐店用餐时负责去取餐，用完后清洁台面、清理垃圾；外出回到小区时，积极救助爬到道路中间的小蜗牛……对于他的这些变化，有时想想都觉得很神奇。

回想起出发当天，因为是一早的航班，我们凌晨4点就从家里出发了。一路上，济嘉有些焦虑不安，说后悔报名，不想去参加夏令营了，为此还流了眼泪。等到孩子的情绪稍微平复后，我找王树老师简短地聊了他的情况。王老师安慰我说，济嘉能量有些不足，这次也会特别留意他，并且跟其他老师反映了他的情况。

在孩子离家的第三天，我还是忍不住联系了营地的带队老师，老师回复说，济嘉这几天都挺好的，不用担心。我悬着的心终于安

定下来，心里想着：是啊，对于一个天生就会自娱自乐的偏 7 号（九型人格中对性格的分类）特质的孩子，那些所谓的负面情绪都不是事儿，很快就会过去的。于是之后的时间，除了每天收听老师们在群里的播报，欣赏她们发过来的视频和照片以外，我没有再去打听孩子的情况。

返程那天，我去机场接他，随行的老师告诉我，济嘉在整个营期的变化非常大，他主动帮助每一个人，还被授予了"最佳助人奖"。这让我非常震惊。要知道，去年寒假期间，在靛蓝纪开办的"四艺班"里，他可是老师们口中的"小恶魔"，那时的他将自己大部分的能量都用于挑衅和对抗上。于是，我又联系了其他老师，向她们道谢并了解情况，所有人都给我讲述了济嘉的变化，称赞他是整个夏令营团队的小天使，这让我感到困惑。虽然孩子的确是从小就乐于分享，也会在情绪愉悦的时候去帮助别人，可是像老师们描述的那样"积极寻找工作机会，毫不迟疑地帮助别人"，这样的变化究竟是怎样发生的？

于是第二天，我也向王树老师表达了我的困惑。王老师反馈说济嘉这次也给了她很大的震撼。她说："在到达营地的当天，济嘉就向她表达了自己的很多焦虑和担心，他提到自己曾承诺过同学，要带特别的石头回去给他们，可是担心找不到会失信于人。在老师面前，他说着说着就哭了，还哭得特别伤心。老师则一直陪伴着他，倾听他，帮助他释放了大部分的焦虑。"

王老师还叮嘱其他老师提醒济嘉，在参观完贺兰山岩画之后去寻找石头。后来老师担心他找不到，就特意跑到卖纪念品的商店，

买了一块刻有太阳神像的石头送给了他,孩子特别欣喜。老师和他讨论了这块石头的价值,孩子开始到处炫耀,并且一直将石头戴在脖子上。从那天起,济嘉就开始源源不断地付出自己的爱,忙忙碌碌地帮助每个人,让整个团队都为之震撼。

这就是我在老师们那里接收到的讯息,而在我看来,济嘉的这种变化,源于夏令营期间老师们的引导和理解,让孩子看见了他自己的内在;源于老师们创造了一个宽松自由的环境,让孩子可以自主地表达和彰显自我;源于在老师们眼里,孩子的每件事都是大事,济嘉收到了老师们的爱,于是他也有了意愿并且付出了他自己的爱。

正如老师所说,有的时候教育孩子,就像是你顺手摸对了那个开关并且把它打开了,那里就是孩子源源不断美德的呈现。

作为接受新教育理念的父母,我们的任务,其实不仅仅要去关注孩子的行为和行为背后的心理,更重要的是,不要那么快地将孩子拉离他真实的自我,并且在孩子逐渐被人格一点点所包裹的过程中,我们需要去帮助他种下一颗善良的种子,让它在孩子心里生根发芽。 唯有如此,我们的孩子终将有那么一天,会自主自愿地为自己、为他人工作,将自己带往回家的路,成为爱的本身。

▲ 一年又一年，在美好的团队中，我们展开了对营地教育的探索

▲ 花道的训练也被系统地放进营地教育中

▲ 自然是艺术创作的源泉

◀ 在靛蓝纪的营地教育中从不缺少自然教育

▲ 路途中总有阻力,而老师正是帮助孩子穿越阻力的人

▲ 除了我自己,没有人可以让我放弃

▲ 所谓前车之鉴,就是看着挂在岩壁上的兄弟,研究一下自己等会儿要怎样挂得帅气些

▲ 岩壁上的舞蹈属于勇者

▲ 社会实践时,我们的心拧成一股绳,团体"作战"凝聚士气

▲ 从手工创作中培养专注力

▲ 示范是教学重要的一环

◀ 营期要结束了,心里有满满的话要说,在这里品尝了各种各样的滋味,原来生命是如此丰富

▲ 团队之美就在天地之间

▲ 八月份的沙漠,小小探险家们一起挑战过

▲ 青海湖,做一日快乐藏族人,从编家庭藏式小辫开始

▲ 穿好藏服,来跳一段锅庄舞吧

▲ 让孩子见证爸爸妈妈的藏式婚礼

▲ 打开心，爱就会流动

◀ 压舷，面向大海，很帅

▲ 爸爸妈妈送给孩子最珍贵的礼物——心的联结

▲ 青海湖旁,看见——爸爸的爱如湖面般宽广

▲ 创造联结，调频同步：我看见你，你看见我

▲ 大地母亲的礼物——"红土豆"，也许你觉得平凡，但我们却如获至宝

▲ 小小探险家们，成长的路上风雨无阻

▲ 初升的"太阳"面面相望，你是我，我是你，看我们绽放华彩